平凡社新書
1043

箱根駅伝は誰のものか
「国民的行事」の現在地

酒井政人
SAKAI MASATO

JN099786

HEIBONSHA

箱根駅伝は誰のものか●目次

はじめに

四半世紀のときを経ても、あの日の記憶は色褪せていない。鶴見中継所は何重もの人だかり。東京農業大学のアンカーを任された筆者がコース内になかなか入れないほどだった。冬の日差しが妙に暑く感じる。そして9人の汗が染み込んだタスキがズシリと重かった。

ずっと憧れてきた舞台。スポーツ推薦で入ったわけでもなかった自分が1年生で走れるとは思ってもいなかった。

無我夢中で駆け抜けた21・3km。苦しくて、つらくて、誇らしくもあった。どうにか総合8位でゴールに飛び込み、安堵した。東京農業大学は2年連続でシード権（当時は9位以内）を獲得したのだ。走り終えた後も、観衆が小旗を振るパタパタパタパタという音が耳にしばらく残っていた。

自分の走りは不甲斐なかったが、2学年上の先輩がレーシングシューズの紐をほどいて、「ありがとうな!」と頭を撫でてくれた。先輩たちの笑顔がうれしかった。歓喜と涙が入り混じる大手町のゴールエリアから離れると、今度は高校時代の恩師が待っていた。当日変更で10区に入った筆者の姿を観るために、わざわざ駆けつけてくれたのだ。高校時代、インターハイと全国高校駅伝には届かなかった。それでも箱根駅伝に挑戦したくて愛知県から上京。〝新たな人生〟が始まったと感じている。

その後、筆者は箱根駅伝を走ることはできなかった。当時は来年も走れると思っていたし、4年間走って、実業団に進むつもりでいた。いま振り返ると、その頃から箱根駅伝は〝大きなうねり〟が来ていたように思う。

昔も今も、正月の箱根路を走る学生ランナーたちはキラキラ輝いている。ひとことで言えば「美しい」のだ。研ぎ澄まされた肉体と若さ。彼らの汗と涙。それに笑顔。すべてがまぶしく見える。

一方、スポーツライターとして20年以上追いかけてきた箱根駅伝の〝景色〟が少しずつ変わっているのを感じている。箱根駅伝は誰のものなのか。そう考えざるを得ないことが多くなっているからだ。

学生ランナーたちが織りなす約11時間のドラマは、驚異的な視聴率を稼ぎだすコンテンツになった。注目を浴びる国民的なイベントになり、多くの大学が本格強化を開始。実業団などで活躍した〝プロ監督〟を招聘して、強化資金もつぎ込んでいく。その結果、有望な高校生ランナーのスカウト合戦が過熱した。指導理念を伝えて選手勧誘を行うならいいが、マネーゲームとなる場合もある。授業料免除はもちろん、なかには大卒の初任給を超えるような〝奨学金〟を提示する大学もある。

どのチームも食事面からしっかりしており、当時と違って、アルバイトをしている学生はひとりもいない。よくいえば競技に集中できる素晴らしい環境だ。ただ、箱根駅伝ランナーは、「普通の学生」からは遠ざかっている。

正月の学生駅伝で少し活躍しただけで、国民的ヒーローに祭り上げられてしまうのも問題だ。5月の関東インカレ、9月の日本インカレでは、男子長距離種目になるとミックスゾーンが大混雑する。入賞すらできなかった学生ランナーにまでカメラを向けてインタビューをしているメディアがあるのだ。熱心といえばそれまでだが、彼らの多くは長距離以外の種目には見向きもしない。こんな過剰報道が学生ランナーの誤解を生む。たいした実力もないのに、スター気取りという選手もいるのだ。内定した企業から〝栄養費〟を受け取っている選手もいると聞く。その結果、箱根駅伝で燃え尽きてしまう選手は少なくない。

箱根駅伝を走る者のなかには、オリンピックという高い目標を掲げる選手がいる一方で、箱根駅伝が夢だという学生もいる。求めるレベルが異なる者たちが同じ集団で混じり合うのも学生スポーツの魅力だろう。

以前、大迫傑を取材したときに、箱根駅伝が選手として成長するうえで役立っているのか聞いたことがある。彼の答えはちょっと意外なものだった。「僕の走りに関しては特にありません。でも、大学を卒業してからも付き合っていける友人を見つけられたことは、凄く良かったと思います」と話したからだ。

おおいなる憧れを抱き、ずっと追いかけてきた箱根駅伝は2024年正月の開催で第100回大会を迎えることになる。箱根駅伝はどこへ向かうのか。その壮大なる歴史、現在地点を振り返りながら、未来の箱根駅伝について考えていきたい。

いずれにしても視聴者が抱くようなイメージである「美しい姿」は変わらないでほしい。1月3日の昼過ぎ。ゴールの大手町にこだまする歓喜は、学生ランナーたちのものなのだから。

＊本文中の所属・肩書きは取材時点のものです。

第1章　箱根駅伝の壮大なる歴史

大正時代に始まった箱根駅伝の創成期

箱根駅伝の歴史は伝説のランナーから始まることになる。後に「日本マラソン界の父」と呼ばれる金栗四三だ。1912年（明治45年）のストックホルム五輪に日本人として初めて出場するも途中棄権。「世界と対抗するには多くの長距離選手を一度に強化できるレースを創設するしかない」と金栗は東京高等師範学校の野口源三郎教授、明治大学競走部の沢田英一（後の報知新聞記者）らと駅伝での強化策を考えたのだ。

当初は「アメリカ大陸横断駅伝」（サンフランシスコを出発して、アリゾナの砂漠、ロッキー山脈を越えてニューヨークへという壮大なものだった）を模索。そのメンバー選定のため、東京の学校を集めて予選会を実施しようとしていた。資金不足のため、金栗が報知新聞社に計画を持ち込み、1920年（大正9年）に第1回大会となる箱根駅伝（日比谷―箱根間四大校駅伝競走）が開催されることになる。天下の険をロッキー山脈に見立てていたのかもしれない。

2月14・15日に行われたレースには明治大学、早稲田大学、慶應義塾大学、東京高等師範学校（現・筑波大学の前身のひとつ）の4校が参加。「学生の大会であるから午前中は学校で勉強、午後1時から走ろう」ということになったため、往路のゴールは午後8時半をまわっていた。往路を制した明治大学が9区まで独走するも、最終10区で東京高等師範学校が大逆転。雪が舞うなか、15時間05分16秒で歓喜の勝利を迎えた。

当時は「審判がいなくてもルール破りをする選手がいるはずはない」という声が強く、中継所以外に審判や監察員を配置していなかった。もちろん、テレビ中継もなく、箱根山中ではいかに近道をするか各校が策を練っていたという逸話が残っている。

諸事情によりアメリカ横断駅伝は実現しなかったが、ロッキー山脈は最高地点が標高4399m。3000m級の高山が並んでおり、強行していたら大変な事になっていただろう。

なお現在、箱根駅伝を主催している関東学生陸上競技連盟（1919年）は、日本陸上競技連盟（１９２５年）の設立よりも早く誕生したことになる。

第２回大会は新たに法政大学、中央大学、東京農業大学が加わり、「七大校対抗駅伝競走」になると、第３回大会は「十大校対抗駅伝競走」として開催。その後は参加校の増減がありながらも、大会は盛り上がりを見せていく。第９回大会（１９２８年）には関西大学が特別参加すると、同大は第12・13回大会にも出場した。

第９回大会の５区で区間新記録を出した関西大学の津田晴一郎は３年後、今度は慶應義塾大学の選手として５区に再登場。箱根駅伝の歴史のなかで唯一、別のユニフォームを着て出場している。また津田はマラソンでも大活躍したランナーだ。１９２８年（昭和３年）のアムステルダム五輪で６位、４年後のロサンゼルス五輪でも５位に入っている。

１９３４年（昭和９年）の第15回大会までは早稲田大学が７回、明治大学が５回優勝。現在のチームにも継承されている「Ｗ」と「Ｍ」のユニフォームが箱根路を彩った。

第16回大会からは日本大学が４連覇を達成。第21回大会（40年）で５度目の優勝を成し遂げるなど第1次黄金期となった。

1941年（昭和16年）は軍需輸送などの理由で東海道、箱根路の道路使用が不許可となり、代替コースとなる「東京青梅間大学専門学校鍛錬継走大会」（8区間107㎞）として大会を開催（箱根駅伝には含まれていない）。同年1月と11月に実施された。

第22回大会は1943年（昭和18年）に行われたが、太平洋戦争の影響で、「東京―箱根間大学駅伝」ではなく、「靖国神社・箱根神社間往復関東学徒鍛錬継走大会」として開催。その後、戦火が拡大して、箱根駅伝は中断を余儀なくされることになる。

箱根駅伝の復活と東京五輪1964

1947年（昭和22年）に箱根駅伝が4年ぶりに復活。通常開催は7年ぶりのことだった。この第23回大会は10校が参加。長距離部員だけでは人数が足らず、他種目の選手を起用した学校も少なくなかった。

なお予選会は前年から始まっている。12月1日の「関東学生10マイル」が行われ、出場を希望する全チームが出場した。それまでは本大会の出場を希望する学校が少なく、ほぼほぼ本戦に出られる状況だった。

第24回大会（48年）は中央大学が22年ぶりの優勝。翌年の第25回大会（49年）では明治大学が早稲田大学に並ぶ最多7回目の栄冠を飾った。なお明治大学はこの優勝を最後に、学生駅伝でのタイトルには届いていない。

1950年代に入ると中央大学が黄金時代を築いていく。第26・27回大会、第31・32回大会で連覇を果たすと、1959年（昭和34年）の第35回大会から6連覇の金字塔を打ち立てた。

この間、中央大学のライバルだったのが日本大学だ。第31回大会から第37回大会は両校が1位と2位を占めており、関係者の間では「日中戦争」と呼ばれていた。日本大学は第33・34回大会で連覇を飾っている。なお現在と異なり、実業団を経由して入学する実力者が少なくなかった。

日本は1955年から高度経済成長期に突入。箱根駅伝を目指す大学も増えていく。第30回大会（54年）から出場校が「15」となり、１９５５年秋の予選会には19校が参加。第32回大会（56年）から現在も続いているシード制が設けられるようになった。

そして１９６４年には東京五輪を迎えることになる。日本陸上界は東京五輪を目指す機運が高まり、当時の学生ランナーたちも「世界」を見つめていた。

中央大学の黄金期を支えた主力メンバーである横溝三郎（現・東京国際大学駅伝部監督）、岩下察男、猿渡武嗣は大学在学中に日本記録（横溝が５０００ｍと３０００ｍ障害、岩下が１５０００ｍ、猿渡が１５０００ｍと３０００ｍ障害）を樹立。東京五輪は地元枠があったこともあり、日の丸をつけて国立競技場も駆け抜けている。

箱根駅伝は第2回大会から1月上旬に開催されることが多かったが、人気が高まり、応援の車両が増加。１９５５年（昭和30年）の第31回大会から交通量の少ない1月２・３日での開催となった。小田原オリオン座（２００３年に閉館した映画館）の前や、大手町のゴール付近は黒山の人だかりだったようだ。

ＮＨＫが放送を開始したのは１９５３年（昭和28年）。カラーテレビの本放送を開始したのは7年後で、この頃の箱根駅伝はラジオ中継だった。しかし意外なかたちで日本全国に箱根駅伝が知られていくことになる。それは映画館の本編前などに上映された「ニュース映画」だ。レース映像や選手のインタビュー映像などがまとめられたものを観て、箱根駅伝に憧れを抱くようになった中高校生がいたという。

第40回大会（64年）は記念大会として開催。従来の15校に加えて、関西地区から立命館大学、九州地区から福岡大学が招待され、戦後初めて関東以外のチームが出場した。このとき福岡大学・重松森雄は2区で区間賞を獲得。重松は翌年4月のボストンマラソンを大会新で制すと、同年6月のポリテクニック・ハリアーズ・マラソン（ウィンザーマラソン）でアベベ・ビキラ（エチオピア）が東京五輪で樹立した世界最高記録を更新する2時間12分00秒で優勝した。

振り返ると、アフリカ勢の本格参戦が少なかった1964年の東京五輪の頃が、マラソンで世界と戦うという意味ではひとつのピークだったといえるかもしれない。なお第42回大会（66年）までは山区間の5区と6区が最長区間で、現在の箱根駅伝とは大きく戦略が異なっていた。

順天堂大学、日本体育大学、大東文化大学が台頭

箱根駅伝の人気が高まり、大学進学率も上昇すると、第25回大会（49年）に日本体育大学、第33回大会（57年）に国士舘大学、第34回大会（58年）に順天堂大学が参戦。体育学部を持つ大学の台頭が目立つようになる。なお日本体育大学は初出場から第99回大会（23年）まで75年連続出場を果たしている。

さらに第43回大会（67年）に駒澤大学、第44回大会（68年）に大東文化大学、第49回大会（73年）に東海大学が初出場。いずれ箱根駅伝を制することになるチームが登場するのは１９７０年前後だった。

先に挙げた６校は現在まで、箱根駅伝に50回以上も出場しているが、当時は「新興勢力」という存在だった。そのなかで最初に栄冠をつかんだのが順天堂大学だ。９回目の出場となる１９６６年（昭和41年）の第42回大会で初優勝。５０００ｍで日本記録（13分45秒02）を保持していた澤木啓祐が２区で福岡大学・重松森雄が持っていた区間記録を１分50秒も短縮する快走を見せるなど、圧倒的なスピードで制

圧した。なお澤木は母校の指揮官となり、やがて黄金時代を築くことになる。

第43回大会（67年）から往路、復路、総合優勝の3賞制度となり、日本大学がすべてを制する〝完全優勝〟で10回目の総合Vを成し遂げた。同大会には駒澤大学と亜細亜大学が初参戦。亜細亜大学の9区には後に母校の監督として箱根駅伝でサプライズVを成し遂げることになる岡田正裕が出場している。

翌年も日本大学が完全優勝で連覇を果たすと、日本体育大学が2位に躍進。第45回大会（69年）は日本体育大学が往路と復路を制して、初の総合優勝に輝いた。一方で早稲田大学が14位、明治大学が15位に沈んでいる。第46回大会も日本体育大学が完全優勝で連覇を達成。前年下位に沈んだ早稲田大学と明治大学はメンバー不足のため予選会にも出場できなかった。

その後も日本体育大学の勢いは止まらない。第47回大会は往路1位の日本大学に7分55秒差をつけられながら復路で大逆転。第48回大会は2位以下を6分以上も引き離すと、第49回大会は往路で後続に7分44秒以上の大差をつけて、5連覇を達成した。なお、この大会から自主運営だった伴走車が、陸上自衛隊のジープになっている。

１９７４年（昭和49年）の第50回記念大会は過去の優勝校が招待され、20校で行われた。このとき２区で〝伝説の快走〟を見せたのが、東京農業大学・服部誠だ。首位から１分53秒差の13位で松葉緑のタスキを受け取ると、12人を一気に抜き去る。このゴボウ抜き記録は２００３年まで破られることはなかった。そして、このエース区間はやがて「花の２区」と呼ばれるようになる。第２回大会から出場している東京農業大学が初めて往路を制すも、日本大学が復路で逆転。６年ぶり12回目の優勝を遂げた。

第51回大会は８回目の出場となる大東文化大学が大会新記録で初優勝。５区大久保初男、６区金田五郎ら５人が区間賞を獲得した。翌年も５区大久保が大活躍。２分36秒差を逆転して、チームを連覇に導いた。大久保は５区で４年連続の区間賞。元祖、「山の神」と呼ばれるような存在だった。大東文化大学は５区だけでなく、６区にもスペシャリストが続々と登場。「山の大東」と称されるようになる。

第53回大会は１５００m日本記録保持者の石井隆士が１区を独走。前年２位だった日本体育大学が一度も首位を譲らない〝完全優勝〟を果たした。翌年は順天堂大学が12年ぶりの往路V。しかし、前回王者・日本体育大学が復路新で逆転して、大会新記録で連覇を飾った。

第55回大会は順天堂大学、第56回大会は日本体育大学が優勝。第57・58回大会は順天堂大学が連覇を果たすと、第59回大会は日本体育大学が9度目の総合優勝に輝いた。日本体育大学は5連覇（69〜73年）に続いて、1977〜1984年でも4度の優勝（残りは2位）。この間に新宅雅也、中村孝生、大塚正美、谷口浩美という名ランナーが育っている。

1970年前後に低迷した早稲田大学は1976年に中村清が監督に復帰。2年連続でインターハイ2冠（800m・1500m）に輝いた瀬古利彦を軸に名門復活への道を進んでいく。瀬古が最終学年を迎えた第56回大会（80年）は25年ぶりのトップスリーとなる3位に入ると、第60回記念大会（84年）で30年ぶり10回目の総合優勝。翌年も制して、堂々の連覇を果たした。当時のVメンバーには坂口泰、谷口伴之、遠藤司、川越学、木下（金）哲彦らがいた。

なお昨季まで駒澤大学の監督を務めていた大八木弘明（現総監督）は実業団生活を経て、24歳のときに駒澤大学に入学。「勤労学生」として、昼は川崎市役所で働きながら大学に通い、箱根駅伝でも活躍した。第60回大会（84年）は5区、第62回大会は2区で区間賞を獲得するも、大学4年時は年齢制限（47〜92年までは28歳以下）で出場できなかった。

1987年にテレビの生放送がスタート

早稲田大学が連覇を果たした後は、順天堂大学の時代がやってくる。１９８６年（昭和61年）の第62回大会は往路を5位で折り返すと、7区で2位に浮上。最終10区で早稲田大学を逆転して4年ぶりの栄冠に輝いた。第63回大会も往路3位からの逆転V。「復路の順大」と呼ばれるようになる。第64回大会は2区でトップに立つと、そのまま独走。大会新記録で3連覇を果たした。第65回大会は初優勝時のエースだった澤木啓祐監督が「レース前から勝てると思っていた」という最強布陣で完勝。4年連続8度目の総合優勝を飾る。なお当時の主力には畑中良介、倉林俊彰、鈴木賢一、三浦武彦、仲村明、山田和人らがいた。

順天堂大学が4連覇した期間に箱根駅伝を大きく変えていく画期的な出来事が起こっている。そのひとつが1987年（昭和62年）の第63回大会から日本テレビ系列で生中継が始まったこと。もうひとつは留学生の登場だ。

テレビ放送は1979年（昭和54年）の第55回大会からテレビ東京（当時・東京12チャンネル）が担っていた。しかし、当時の技術では箱根山中での生中継が難しかったこともあり、1区から9区までは基本、録画ダイジェスト放送で最終10区のみ生中継だった。また全国放送ではなかった。

それが生中継の全国放送（地域によっては復路のみ放送）になったことで箱根駅伝の人気はさらに高まり、全国にも広がっていく。ビデオリサーチのデータ（週間高世帯視聴率）によると、日本テレビで箱根駅伝の中継が始まった1987年の視聴率は20％ほどだった。そこから視聴率は徐々に上がっていき、1992年（平成4年）の第68回大会で視聴率が25％を超える。以降、25〜30％という高視聴率を継続すると、コロナ禍で迎えた2021年（令和3年）の第97回大会では往路31・0％、復路33・7％という歴代トップの数字を獲得した。

完全生中継が始まったことで、優勝争いやシード権争いだけでなく、予期せぬアクシデントも注目を浴びるようになった。1991年（平成3年）の第67回大会では2区をトップで走り出した早稲田大学・櫛部静二（現・城西大学男子駅伝部監督）が終盤フラフラになりながら、懸命にタスキをつなぐシーンは多くの視聴者が「頑張れ！」と応援しただろう。また沿道の観衆も増加した。

ケニア人留学生を擁する山梨学院大学が台頭

箱根駅伝の歴史を振り返ると、山梨学院大学にケニア人留学生が入学したのも大きなトピックになる。1989年の第65回大会に出場したジョセフ・オツオリとケネディ・イセナだ。

特にオツオリの登場は衝撃だった。1年生で日本インカレの1万mとハーフマラソンを制すると、全日本大学駅伝1区で区間記録を塗り替える。箱根駅伝は花の2区で7人抜きを披露。トップに躍り出ただけでなく、区間賞も獲得した。当時の日本人学生ランナーからすれば〝異次元〟の走力だった。

オツオリは2区で3年連続して区間賞を獲得。4年時（第68回大会／92年）は故障の影響で区間2位に終わったが、3区イセナが区間タイの快走でトップを奪うと、創部7年目の山梨学院大学がビクトリーロードを駆け抜けた。この優勝は箱根駅伝の流れを変えていくことになる。

筆者がファンとして箱根駅伝を最も熱心に見ていたのは高校生のときだ。当時（1993〜1995年）は山梨学院大学と早稲田大学の〝2強〟時代だった。オツオリとイセナが卒業した後に入ったステファン・マヤカ（現在は日本国籍を取得し真也加ステファン。現・桜美林大学陸上競技部駅伝チーム監督）も圧倒的な存在感だった。そして山梨学院大学は日本人選手も強くなっており、厚い選手層を誇るようになっていた。

一方の早稲田大学には武井隆次、櫛部静二、花田勝彦（現・早稲田大学駅伝監督）の三羽烏がいて、その2学年下には〝天才〟渡辺康幸（現・住友電工陸上競技部監督）がいた。数人の超エリートランナーと一般入試で入った叩き上げの選手たちでつなぐ駅伝も魅力的だった。

キャラが大きく異なる両校の対決はスポーツ漫画を見ているようなワクワク感があった。怪物・渡辺康幸を擁した早稲田大学は全日本で4連覇（92〜95年）を達成。一方、山梨学院大学は箱根に強かった。第70回大会と第71回大会で連覇を果たしたのだ。

筆者が出場した第72回大会はレース中に〝事件〟が勃発する。山梨学院大学・中村祐二と神奈川大学・高嶋康司が4区で途中棄権。秋の全日本で3位と4位だったチームが姿を消した。早稲田大学は2区渡辺、5区小林雅幸の圧倒的な区間賞で往路を独走するも、全日本で準優勝だった中央大学が32年ぶり14回目の総合優勝に輝いた。なお〝魔の4区〟で区間賞を獲得したのが中央大学・榎木和貴（現・創価大学駅伝部監督）だった。4区で2校が途中棄権するというトラブルもあり、翌年から「給水」が始まった。

関東学連は2006年に「外国人留学生のエントリーは2名まで」「本戦に出場できるのは1名まで」という規定を定めたが、その後も続々とケニア人留学生が箱根路を駆け抜けることになる。

プロ監督の時代が到来、駒澤大学が4連覇

1997年の第73回大会は予選会からスタートした神奈川大学が初優勝を飾ると、翌年も連覇を果たす。その少し前くらいから箱根駅伝を取り巻く環境が大きく変わり始めた。

ソウル五輪5000m・1万m代表の米重修一が拓殖大学の監督に、モスクワ五輪5000m・1万m代表の喜多秀喜が帝京大学の監督に就任。両校が元五輪選手を呼んで、本格強化を開始したのだ。箱根駅伝に連続出場していた駒澤大学も1995年に大八木弘明をコーチに招聘。大学OBや職員が手弁当でやっていたような時代から、「プロ監督」といえるような人材が指揮官を務めるようになったのだ。

拓殖大学は第73回大会で13年ぶりの出場を果たすと、翌年は19年ぶりのシード権を獲得。帝京大学は第74回大会に初出場して、第76回大会は前年最下位から総合4位まで急上昇した。

そして駒澤大学が〝絶対王者〟ともいうべき存在に成長していくことになる。大八木コーチ就任と同時期に、後に男子マラソンで日本記録を樹立する藤田敦史（現・駒澤大学監督）が入学。藤田というエースを軸に強くなっていく。第72回大会（96年）は総合12位もルーキー藤田が1区を区間2位と好走した。第73回大会は復路で初優勝を奪い取り、総合6位に躍進。第74回大会は準優勝に輝いた。藤田が最終学年を迎えると、全日本大学駅伝で初優勝。箱根駅伝は2区三代直樹が区間新記録の爆走を見せた順天堂大学に敗れたが、2年連続で2位に入った。

その後は順天堂大学と駒澤大学の戦いが激化。学生駅伝は〝紫紺対決〟が繰り広げられた。第76回大会は全日本を連覇した駒澤大学が初栄冠に輝くと、翌年度は順天堂大学が全日本と箱根を制覇。第78回大会は駒澤大学が勝ち、そのまま4連覇の金字塔を打ち立てた。当時、駒澤大学はどんな戦略で箱根駅伝を制してきたのか。大八木はこう語っている。

「当時、凄い選手はあまりいなかったですけど、反対に安定感のある選手をいっぱい育てましたね。4連覇したときは選手層の厚さが強さの源だったので、『つなぎ』

で攻めることができたチームでした」

駒澤大学は往路をトップが見える位置で折り返して、選手層の厚さで優位に立つ復路で逆転するのが勝ちパターンだった。4連覇を果たしたときは、3回が復路での逆転Vになる。第78回大会（02年）は往路を24秒差の2位で折り返すと、6区吉田繁でトップを奪取。7区揖斐祐治で後続を突き放して、9区高橋正仁がダメ押しの区間賞を奪って逃げ切った。第79回大会は往路で山梨学院大学に1分39秒差をつけられたものの、復路で徐々に詰め寄り、8区太田貴之で逆転。8〜10区は3連続区間賞の走りで強さを見せつけている。往路でトップに立った第80回大会は、復路も制しての独走Vだった。3区佐藤慎悟でトップに立ち、4区田中宏樹が区間賞で後続を引き離す。5区村上和春も好走して、往路で3分26秒という大差をつけた。第81回大会は往路で東海大学と30秒差の2位。7区糟谷悟でトップに立つと、9区塩川雄也が区間新（当時）の快走で勝負を決定づけた。

田中と塩川は4連覇をすべて経験した選手。ふたりとも個人としては学生トップレベルの選手ではなかったが、箱根での貢献度は高かった。駒澤大学がアドバンテージをつかんでいたのは当時の準エース区間だった４区と、〝復路の２区〟にあたる７区。それと復路のエース区間である９区だ。当時は学生長距離界のレベルが高騰する前で、１万ｍを27分台で走るような日本人選手はいなかった。５区も特別な区間ではなかったため、ひとりのエースではなく、「総合力」で勝負する時代だったのだ。しかし、往路小田原中継所の位置が移動したことで、箱根駅伝の戦いが一変することになる。

なお２００３年の第79回大会から箱根駅伝の出場枠が「15」から「20」（19校＋関東学連選抜）に拡大。出場校の増加も〝新たな戦い〟に拍車をかけた。

「山の神」が降臨した5区最長時代

１９２０年（大正９年）に始まった箱根駅伝は、基本的なコースは変わらないものの、道路事情などに伴い、コースや中継所は幾度もリニューアルされてきた。１９９９年の第75回大会からは10区が日本橋を渡るコースになり、同区間の距離が１・７㎞長くなっている。このときはアンカーの重要性が増したとはいえ、レース全体への影響はさほどなかった。

しかし、２００６年の第82回大会で往路の小田原中継所が鈴廣前からメガネスーパー前に移動。４区が21・０km→18・５kmに、５区が20・９km→23・４kmになった。この「２・５km」の小さな変化が箱根駅伝の戦いを大きく変えることになる。

それまで「準エース区間」という位置づけだった４区が最短区間となり、重要性が低下。反対に山上り区間の５区はエース級が続々と起用されるようになった。その結果、５区の走力がレース全体で〝巨大なウエイト〟を占めることになる。

第82回大会は前年５区で１時間09分12秒の区間新記録を叩き出した順天堂大学・今井正人が最長区間となった５区で爆走。６位から一気にトップに立った。順天堂大学は復路も好走したが、８区難波祐樹がフラフラになって、首位から陥落。トップを奪った駒澤大学も９区平野護が区間10位と伸び悩む。その隙を突いた亜細亜大学が初優勝に輝いた。前回７位からの栄冠は史上最大のジャンプアップで、往路６位からの大逆転も史上初だった。岡田正裕監督は高校時代に実績のない選手を率いてのミラクルVで「岡田マジック」と称賛された。

第83回大会も「山の神」と呼ばれた順天堂大学・今井正人が大活躍。3年連続の5区に登場すると、4分09秒差をひとりでひっくり返す。順天堂大学が6年ぶり11回目の栄冠に輝いた。なお4年連続で9区を任された長門俊介（現・順天堂大学駅伝監督）が区間賞を獲得している。

第84回大会は早稲田大学の5区駒野亮太が今井の持つ区間記録（1時間18分05秒）に7秒差と迫る快走を見せて、往路を制圧。1分14秒差の2位につけた駒澤大学が8区深津卓也で逆転して、3年ぶり6度目の優勝を果たした。

その後は2代目となる「山の神」が4年連続で爆走する。第85回大会は関東学連選抜を含む史上最多の23チームが参戦。そのなかで圧巻のパフォーマンスを発揮したのが1年生だった東洋大学・柏原竜二だ。先頭から4分58秒差の9位で走り出すと、先輩たちを全員ぶち抜く。今井が保持していた区間記録を47秒も更新する1時間17分18秒を叩き出した。東洋大学はそのまま逃げ切り、出場67回目で悲願の初優勝に輝いた。花の2区で山梨学院大学のメクボ・ジョブ・モグスが1時間06分04秒の区間新記録を打ち立てたが、チームは6位。2区より5区の〝威力〟が勝った大会になった。

柏原は翌年、区間記録を1時間17分08秒まで短縮。7位からトップに立つと、東洋大学は連覇に向かって突き進んだ。3年時は不調のシーズンを過ごしたが、箱根の第87回大会は5区で区間賞。3年連続で往路Vのゴールに飛び込んだ。一方、1区大迫傑の区間賞からトップを守ってきた早稲田大学は「山の神」に逆転を許すも、6区高野寛基が再逆転に成功。両校は、その後も僅差の戦いを繰り広げると、早稲田大学が18年ぶりの総合優勝で学生駅伝3冠を達成した。2位東洋大学とは史上最少差の21秒差だった。

柏原がラストイヤーとなった第88回大会（12年）は鉄紺軍団がひたすら強かった。トップで主将にタスキが渡ると、柏原は〝見えない敵〟と戦い、自身の区間記録を29秒も上回る1時間16分39秒という驚異のタイムを叩き出した。往路2位の早稲田大学に5分07秒もの大差をつけた。柏原フィーバーで箱根山中の沿道は例年以上の人だかりになった。東洋大学は復路も快調に駆け抜けて、大会記録を8分15秒も短縮。2位は駒澤大学で明治大学が49年ぶりトップスリーに入った。

「山の神」が卒業した後の第89回大会は往路に強い向かい風が吹きつけた。特に箱根山中は過酷な状況となり、城西大学と中央大学が途中棄権した。そのなかで日本体育大学の３年生主将・服部翔大が５区で奮起する。区間賞の激走で東洋大学を大逆転。前年19位から歴史的なＶ字回復で、名門・日本体育大学に30年ぶり10回目の栄光をもたらした。

第90回大会は東洋大学が思い切った戦略で勝負した。３年連続で２区を好走している設楽啓太を５区にコンバート。２区に入った服部勇馬が区間３位と好走すると、３区設楽悠太が区間賞の快走でトップに立つ。５区設楽啓太も日本体育大学・服部翔大を１秒抑えて区間賞を獲得。復路でも３つの区間賞を奪って、東洋大学が２年ぶり４回目の歓喜を味わった。

第91回大会（15年）は青山学院大学の「山の神」が降臨する。４区田村和希の区間新で勢いに乗ると、５区神野大地が軽快に山を駆け上がった。この年から函嶺洞門の通行禁止に伴い、バイパス道路を通るコースに変更。再計測で距離表示は０・２㎞短くなったが、従来の距離よりも約20ｍ長くなったコースで、柏原が持っていた区間記録を実質、28秒ほど上回る1時間16分15秒という区間記録を打ち立てたのだ。往路2位の明治大学に4分近い大差をつけた青山学院大学は復路も快走。前年11月の全日本大学駅伝で過去最高の3位に入ったダークホースが全日本大学駅伝で4連覇を果たした駒澤大学に圧勝して、初優勝を成し遂げた。

翌年は5区神野が区間賞を逃すも日本人トップ（区間2位）。1区久保田和真から一度もトップを譲ることがない〝完全優勝〟で悠々と連覇を達成した。

最長区間になった5区には、「山の神」と呼ばれた特別なクライマーが3人現れただけでなく、多くのヒーローが誕生。同時に、勝負を占う意味でも大きな意味を持つようになった。第82回〜92回大会の全11大会では5区で区間賞を獲得したチームの往路優勝は10回。しかも往路Vのうち8回は総合優勝まで突っ走っている。5区で区間賞をさらったチームが総合優勝する確率は約64％だ。区間賞を獲得できずに総合優勝に輝いたのは第82回の亜細亜大学（5区小澤信は区間4位）、第84回の駒澤大学（5区安西秀幸は区間2位）、第87回の早稲田大学（5区猪俣英希は区間9位）、第92回の青山学院大学（5区神野大地は区間2位）のわずか4回だった。

第86回大会では東洋大学・柏原竜二が区間2位に「4分08秒」という大差をつけており、5㎞で1分近いアドバンテージを奪っていることになる。では、ほぼ同じ距離で、選手のレベルも近い2区と比較するとどうなるのか。この時代の全11回大会では区間トップと同2位の最大差は、第82回大会の「1分18秒差」。その〝違い〟は歴然だ。1区間の破壊力でいうと、5区は2区の3倍近くあったと考えてもいいだろう。

「山の神」が栄華を誇ってきたが、第93回大会で往路の小田原中継所が元の位置に戻ることになり、狂気の時代は幕を閉じた。なお第91回大会から出場枠は現行と同じ「21」（20校＋関東学生連合）になっている。

［インタビュー］

伝説の「12人抜き」を披露した古豪のレジェンドエース

服部誠氏（東京農業大学OB）

２０２４年に第１００回の開催を迎える箱根駅伝。これまで新記録の達成や様々な名場面が生まれ、「物語」として語り継がれてきた。１９７２年（48回）から４年間にわたり東京農業大学陸上競技部のメンバーとして出場し続けた服部誠氏。服部氏は大学３年時（１９７４年・50回）に12人抜きという偉業を成し遂げた。現在は神奈川県で酪農業に従事する服部氏にその当時の箱根駅伝や陸上競技界の様子など貴重な話を伺った。

――服部さんは私にとっては大学の大先輩。しかも東京農業大学ＯＢのなかではレジェンドです。今日は横浜市南区のご自宅にお邪魔して、お話を聞かせていただいていますが、当時はこのあたりに服部牧場があったんですよね。

そうだね。私が生まれた１９５２年に親父が乳牛１頭からスタートしたんです。

小学生のときに港南区に移転して、そこは4000坪くらいあったかな。でも6年でたたんで、現在の愛川町に移転した。私が高校2年のときだから、もう50年を超えたよね。当時は高度経済成長時代で横浜市内もどんどん住宅街になっていったんです。

――1964年の東京五輪はテレビでご覧になったんですか？

小学6年生のときだね。全校生徒でオリンピックを観ようと、学校の体育館に集まったのを覚えています。アベベ・ビキラ（エチオピア）が走っているのを生中継で観た。中学生のときに、市川崑監督の記録映画『東京オリンピック』も親と観にいきました。そのときは、まさか自分がそこを目指すとは思わなかったけど。ボストンマラソン（1966年）で日本人選手が1〜4位を独占したこともあって、日本のマラソンは凄いと思ったけど、箱根駅伝はぜんぜん興味がありませんでした。

――服部さんは中学2年生ぐらいから家業を継ぐと決めていたそうですね。

昔は農家の息子が親の仕事を手伝うのは当たり前でしたよ。手伝えと言われて手伝うことはあまりなくて、自分から手伝っていましたね。長男だし、牧場をやりたいなと思っていました。この仕事が好きだったのかな。ただ陸上選手としてどんどん強くなってきちゃって、華やかな道に入っちゃったから大変だったね。

――服部さんは中学時代から全国大会でご活躍して、畜産科のある相原高校に進学しました。3年時はインターハイ、国体、全国高校駅伝1区の〝3冠〟を達成しています。同学年に宗兄弟（茂と猛）、喜多秀喜という後にオリンピアンとして世界に羽ばたく名選手がいたなかで、無双したわけです。そして高校卒業後は東京農業大学に進学します。どんな理由があったんですか？

陸上だけを考えれば、強いチームしか頭になかったですよ。でも、将来は農業をやるという父親との約束を果たすために、農学部を選びました。高校卒業時に親父からプレゼントされた手帳に「後継者としての意識を忘れるな」と書いてあったんです。親父の強い気持ちが伝わっていましたし、自分もその気持ちに応えなきゃいけないと思っていたね。

――ご自宅から権太坂が近いですけど、中学・高校時代、箱根駅伝はどんな存在だったんですか？

ラジオ中継をやっていたし、この辺りも箱根駅伝を応援するような雰囲気はあったと思うけど、うちは何もなかった。箱根を強く意識するようになったのは大学に入ってからだよ。当時は予選会を千葉の検見川でやっていたことも知らなかったぐらいだから。高校までは自分とチームのことしか頭になかった。あとは牧場の後継者として、農大で学ぶことしか考えてなかったんです。

――当時の東京農業大学陸上競技部はどんな雰囲気だったんですか？

普通に単位を取らなきゃいけないので、授業は絶対にサボらなかった。当時の農大はスポーツ推薦がなくて、授業料免除もなかった。駅伝で農大が弱いのは知っていたし、先輩も練習相手にならなかった。でも、みんな一生懸命やってくれて、服部をどうにかしなきゃいけない、という雰囲気はあったよ。3年時に高校時代の恩師である高橋重清先生が大学の監督に就任して、強い選手も入るようになったんです。

――寮生活や練習はどんな感じだったんですか？

自分は自宅から通っていたんです。練習は各自もあったし、合同もあった。朝練習は30～40分のジョグだけ。本練習は夏が16時半くらいから、冬はもう少し早くからやったかな。ロード走は多摩川か駒沢公園、馬事公苑の1・6㎞コース、砧公園。グラウンドは現在と同じだけど、当時は土でした。

――実際に箱根駅伝を走られて、当時の雰囲気はどうでしたか？

農大は7年ぶりの出場だったから、予選会を突破したときに、先輩たちが凄く喜んでくれたんです。そして箱根駅伝はお正月だし、凄いものがあった。走っていて、ジーンとくるものがあったよね。あの距離でずっと応援が途切れない。高校駅伝とは全然違う。1年時（第48回大会／72年）は2区のなかで1万mの記録が11番目。日本体育大学の小沢欽一さん、順天堂大学の木内敏夫（旧姓・宮下）さんは日本選手権の上位者なのでびびったね。長い距離なんてやったことがなかったですし、ダメかなと思った。あれが一番緊張した。でも、走ってみれば、区間4位。自信がついたね。自分には長い距離が合っているんだなと思ったよ。個人的には、木内さんと保土ヶ谷のところを競ったのが光栄でしたし、一番の思い出ですね。木内さんは自分の3学年上で、当時はインカレなんかでも強くて相手にされなかった。そんな選手と一緒に走れて自信がつきました。

――大学2年時（第49回大会／73年）は2区で区間2位でした。

　このときは力をつけていたので、自信も出てきた頃でした。日本インカレの5000mと1万mで3～4番くらいだったかな。自分の実力は学生のなかで6番以内には入っていると思っていたので、区間賞を狙っていました。区間賞には届きませんでしたが、チームは8位に入って、シード権を獲得したんです。

――大学3年時（第50回大会／74年）は12人抜きの区間賞でした。今でも「伝説」といわれるくらいの快走です。

　往路は自分以外が1年生というオーダーでした。1区の岩瀬哲治は故障で調子が良くなかったので、13番でしたけど、先頭と1分53秒差だったので、まあまあかな。自分は監督の言うペースなんか守らなかったですね。10kmの通過は自分でも大丈夫かと思うくらい速かった。29分ジャストくらいで、当時の1万mのベストよりも30秒ぐらい速かったんです。自分でトップに立って、往路優勝というオマケもついてきた。芦ノ湖で胴上げをやったけど、うれしかったね。1年生4人のオーダーで、往路優勝ですから誰もが驚いたと思いますよ。特に3区山本吉光の区間賞にはビックリしましたね。アイツは箱根駅伝で4年連続して区間賞を獲得しましたが、調子がいいのは箱根の後の全日本大学駅伝まで（当時は1月下旬開催）。その後は秋までお休みに入っちゃう（笑）。そして箱根の直前になると調子を上げてくるという極端な選手でした。4区の佐藤誠は1年生でしたけど、2年間実業団にいたので、自分と同じ年。相原高校OBで2～4区をつなぎました。走り終わって、自分でも手応えがありましたね。結果としては当時のゴボウ抜き記録となる12人抜きでしたけど、抜いたことよりも記録にビックリしました。小沢欽一さんが保持していた区間記録と4秒差でしたから。当時の1万mの実力を考えれば、大きな差があったんです。小沢さんは社会人を経て大学に入学して、日本選手権で優勝するような選手。自分でも強くなったなと思いましたよ。

――当時はどれぐらい騒がれたんですか？

テレビ放映はなかったけど、新聞は凄かった。報知新聞は1面だよ。2年時は最後の1㎞で脚をつってしまって、歩いちゃった。そこまで国士舘大学の古賀丈雄さんと一緒に走っていたんだけど、置いていかれて36秒負けた。3年時はインカレの5000mと1万mでも古賀さんに負けたんだよ。それで、あの人はユニバーシアードでイタリア・トリノに行った。あれは悔しかったな。その後の箱根2区で古賀さんもまくったんだよ。小沢さんの記録に接近したことで自信をつけましたし、箱根2区の12人抜きが、自分のキャリアのなかで最高を迎えるスタートだったように思いますね。箱根駅伝の1か月後は別府大分マラソンに出場して、2位（当時、初マラソン日本最高となる2時間13分40秒）。その3週間後の熊日30キロロードレースで優勝しました。

――最後（第51回大会／75年）は2区（当時の距離は25・2㎞）で1時間13分21秒の区間新記録です。

4年時も選手層が厚くなかったので、総合優勝は難しい状況でしたが、往路は優勝したいと思っていましたね。でも、勝とうと思うと難しい。自分も前年の12人抜きが重かったですし、区間記録を狙っていたので力みました。3年時の記録が良かったので、その記録を何がなんでも超えないといけない、と。区間記録は更新しましたが、走りとしてはそんなに良いものではなかったように思います。

――服部さんが第50回大会で成し遂げた「12人抜き」のゴボウ抜き記録は第79回大会まで破られることはありませんでした。なぜそこまで強かったんですか？

3年時は区間2位の選手を3分以上も引き離したもん。何だったんだろうね（笑）。ただ区間上位の選手と力の差はそこまでなかったですよ。みんな調子が良くなかったんじゃないのかな。自分は調子が良かったのは覚えている。ただ駅伝は強かったんだよ。青東駅伝（東日本縦断駅伝）は8回走って、すべて区間賞。馬みたいに、追いかけるのが好きだった。農大は弱かったからトップで来ない。自分は抜いていくのが得意だったんだ。

――応援団の大根踊りは、当時から盛り上がっていたんですか？

凄かったね。伝統だよ。当時は応援箇所が早い者勝ちで取るみたいなところがあったから、バスで先回りしながら、複数箇所でやっていた。やっぱり力になったね。今も応援団の人とたまに会うと、昔は良かった、と。正月から大変だけど、一生の思い出になっているみたいだよ。

――いつから「花の2区」と呼ばれるようになったんですか？

自分らの時代くらいからじゃないのかな。2区で勝負を決めていくというのが濃厚になってきたんだよ。自分らのちょっと前くらいからエースが走る区間になっていた。インカレで活躍した人は2区に来ていたよ。1区は接戦でくるから、2区がポイントになる。澤木啓祐さん、小沢欽一さん、木内敏夫さんは2区に来たもんね。メディアや一般の人は箱根、箱根と騒ぐけど、陸上人としては日本選手権やインカレの方が上だよ。真のエースは箱根駅伝じゃなくて、日の丸を狙っていましたから。

――大学時代、日本選手権の結果はどうだったんですか？

4年時は1万mで2位に入った。それでアジア大会（1万m3位）とかヨーロッパ遠征に行ったたね。箱根後のびわ湖毎日マラソンは2位でした。当時、箱根駅伝のテレビ中継はなかったけど、日本選手権はテレビで放映されていた。日本でトップを極めないとオリンピックには出場できない。その通過点で箱根駅伝があるから、そこで区間賞は当たり前だと思っていましたね。

――大学を卒業後は職員として大学に残って、モントリオール五輪を目指しました。

旭化成やカネボウなどから勧誘はあったみたいだけど、1年間はモントリオール五輪を目指して農大で練習をしたんです。いま振り返ると、あの頃は重かったね。陸上しかないじゃん。こういう家業に入るのは重いよ。サラリーマンになるよりも重かった。

——服部さんはモントリオール五輪男子マラソンの選考会となった1976年4月のびわ湖マラソンで敗退し、シューズを脱ぐ決意をします。同学年の宗兄弟と喜多秀喜さんはその後も競技を続けて、オリンピック代表になりました。びわ湖が終わった後はどんな気持ちだったんですか?

もう脱力だったね。終わったなっていう思いはあまりなかったけど、次はいよいよ、自分の仕事をやらなきゃなという気持ちでした。大学も片付けなきゃいけないので、ちょろちょろ顔を出しながら、6月下旬か7月に牧場に入ったんです。

——日本代表に届かなかったモントリオール五輪はテレビでご覧になったんですか?

悔しさもあったし、観なかったよ。結果くらいはチェックしたかな。日本人選手は勝てないだろうなと思っていた。とにかく牧場に入って、しばらくは気持ちが重たかった。入っても従業員の先輩がいるから。親父が3～4人使っていた。いくら名選手で、次期社長だとしても、牧場の仕事は素人。自分で覚えて、やっていかないといけない。20代は夢中で働いたよ。とにかく、陸上はモントリオール五輪で終わりと決めていたからね。

――その決断は凄いですね。今の選手は逆ですから。なんだかんだと現役を長く続ける選手が多い印象です。

最近は30歳くらいまでやる選手は多いけど、その職場にいたら出遅れるよね。それは大きいと思うよ。うちの牧場も22歳で入ったら、8年働けばもう一人前。そこに新人として30歳が入ってこられたら困っちゃうもん。誰もが年を重ねていくし、下から若いのがどんどん上がってくるから、常に先のことを考えないといけない。

――服部さんが引退後、同学年の宗兄弟は大きく成長しました。

彼らは伸びたし、世界へ羽ばたいていった感じはあったよね。良いタイミングで引退したなと思ったよ。現役選手だったら、あいつらと名勝負をやらなきゃいけないわけじゃない。瀬古利彦も絡んでくるし、嫌だったね。いまでも宗兄弟は慕ってくれる。高校時代は負けなかったし、自分は大学でも名前が売れて派手にやっていたからね。

――もし競技を続けていたら、どうだったでしょうか？

宗兄弟らの仲間入りができたのかというのは、ときの運もあるからね。でも以前、宗兄弟に言われたんだよ。当時の日本陸連合宿で、「オレは服部に勝てると思った」と。彼ら実業団選手は大学生の甘い競技生活とは違う。それをニュージーランドに行っていた40日間で彼らに見られちゃった。宗兄弟は生活が陸上。自分は生活は生活で、陸上は陸上。大きく違う。練習が好きなんだよ。昼寝して起きると宗兄弟はいなかった。彼らが大きく見えたもんね。

――でも服部さんが勝ち逃げしたようなところはあります。

そうだね。彼らにとっては目の上のタンコブみたいなところがあったんじゃないかな。福岡国際では猛に、びわ湖では茂に負けた。もし次のオリンピックまでやっていたら連敗していただろうね。喜多も強くなったし、2歳年下の伊藤国光ちゃんも伸びていた。さらに瀬古もいる。自分は自分の道だと思ってやっていたし、結果的にはちょうどいい潮時だったかなと思うことはありますよ。

――4歳年下になる瀬古さんの登場はどのように見ていたんですか？

一緒に走ったことはないんだよ。彼は一浪して早稲田大学に入り、中村清さんと出会って強くなった。彼もドラマがあった。高校時代はどちらかというと中距離だったけど、持ち味のスプリント能力を利用して伸びたよね。彼と勝負なんかしたら絶対勝てなかったよ。あれだけのスプリントを持っていると強い。ラストで外国人選手に競り勝つんだから。

――服部さんは陸上界から去りましたが、服部牧場は都心部では有数のレジャー牧場に進化を遂げました。

この前、箱根駅伝の話で読売新聞に載ったとき、何年も前からの知り合いに「服部さんはこんなに凄かったの？」と驚かれたよ。親を裏切るわけにはいかない。自分は将来、牧場をやるんだと頑なに思っていました。後ろ髪を引かれるような思いはありましたが、スパンと陸上をやめた。それは親との約束でしたし、高橋監督との約束でもありましたから。ただ、牧場を継いでからは苦労の連続ですよ。引退後

2〜3年はもやもやした気持ちもありましたし、大学の勉強なんか役立たない（笑）。キャリアのある従業員に怒鳴られたこともありました。でも、大学卒業してすぐに結婚したので、妻がいたから心の支えがあって頑張れた。毎日、真っ黒になって働いて、本当に3〜4年は大変でしたね。その後は、従業員の世代交代も進んで、徐々に自分のカラーでやれるようになったんです。米国のジョージ・W・ブッシュ元大統領もテキサス州クロフォードに牧場を持っている。多くの人が来てくれて、楽しんでもらえる。そんな牧場を持っていることが、なによりもステータスかな。

――箱根駅伝は来年（24年）、100回大会を迎えます。どのように続いていってほしいですか？

駅伝は日本古来のものだし、歴史を大事にしてほしいね。年取ったせいかな。昔はこんなこと言わなかったんだけど（笑）。箱根駅伝がこんな凄い大会になっちゃうとは思わなかったよね。自分がこういうレースに出られたらいいだろうなと思う。今区間賞争いできれば、カッコいいだろうな、と。いまならスターになれるから。

と昔は違うけど自分なんかは特別な思い出がある。昔話ができる仲間がいて、まあまあ輝かしいものも持っているしね（笑）。

服部誠（はっとり・まこと）　1952年、神奈川県生まれ。神奈川・相原高校時代から陸上競技選手として世代トップに君臨。東京農業大学に進学すると、箱根駅伝は4年連続で花の2区を担った。3年時には〝伝説の12人抜き〟を披露して、母校を初の往路優勝に導いた。4年時は2区で区間記録を樹立。大学卒業後はモントリオール五輪の男子マラソン選考レースで敗退すると、競技を引退。家業の「服部牧場」を引き継ぎ、首都圏屈指のレジャー牧場に拡充させた。

第2章　箱根駅伝の現在地

新たな風を吹き込んだ青山学院大学

「山の神」と呼ばれた神野大地を擁して、箱根駅伝を連覇（第91・92回大会）した青山学院大学。伝統ある大会に〝新たな風〟を吹き込んだのが、箱根駅伝を経験していない原晋監督だ。青山学院大学は第41回大会（65年）から12年連続で出場するも、その後は低迷。原監督が就任した2004年から本格強化することになる。

原監督は駅伝の名門、広島・世羅高校の出身。3年時には主将を務めて、1984年の全国高校駅伝で準優勝している（原監督は4区で区間2位）。中京大学3年時には日本インカレ5000mで3位に入り、大学卒業後は中国電力に陸上競技部1期生として入社した。だが1年目から故障に悩まされ、5年で陸上部員の特権を剥奪される。その後は、ビジネスマンとして再出発。10年間のビジネスマン生活を経て、箱根駅伝を目指すチームの指揮官になった。

筆者は原監督の就任2年目に取材しているが、「ビジネスマンとしても通用するような人間を育成したい」と熱っぽく語っていたことを強く記憶している。しかし、組織作りは順調とはいえなかった。

それでも就任5年目の第84回箱根予選会で10位と本戦出場にあと一歩のところまで迫ると、2008年の第84回大会は関東学連選抜を指揮してチームを最高順位（4位）に導いた。翌年度は予選会を突破。青山学院大学は、33年ぶりに箱根駅伝の出場を果たしている。そして第86回大会で41年ぶりにシード権を獲得。その後は大学ブランドもあり、全国トップクラスの選手が入学するようになった。2011年には相模原キャンパス内に、400mのオールウェザートラックが完成するなどハード面も整った。

「苦労したのは最初の5年。箱根に初出場するまで。何ごとも土壌づくりが大変ですから。軌道に乗ってしまえばそうでもない。強化1期生からできることの半歩先を見つめながら、取り組んできたんです。少しずつ積み上げることができれば、当たり前ですけど、1年ごとにベースアップします。青山学院大学陸上部に入部すれば、ほぼ全員が自己ベストを更新できる。その集大成が箱根駅伝の優勝につながると思っていました」

原監督は指導が的確だっただけでなく、箱根駅伝を〝知らない〟という他の強豪校にはないメリットがあった。固定観念がまったくないため、独自のメソッドを確立したからだ。詳細は書かないでほしい、と言われているので控えるが、「柔軟な発想」で他校はやらないような練習メニューも取り入れている。強化1期生から「できることの半歩先」を見つめながら取り組み、その成果が確実に積み重なっていく。

青山学院大学は2012年の出雲駅伝を制するなど、学生駅伝で存在感を示すようになる。箱根駅伝は第90回大会（14年）で過去最高タイの5位。翌年度は11月の全日本大学駅伝で過去最高の3位に入るなどイケイケのチームに「山の神」が降臨する。

原監督は「ワクワク大作戦」という楽しげなテーマを掲げて、青山学院大学は20回目の箱根駅伝に出場。原監督は神野大地に「5区で快走したら国民的ヒーローになれるぞ！」と声をかけた。そしてスタート前の招集時に審判員から誤って「ジンノ」と呼ばれた男は誰よりも山を軽やかに駆け上って、正月のスーパーヒーローになったのだ。

第91回大会（２０１５年）で青山学院大学が見せたレースは〝異次元〟だった。5区と6区の一部が変更したため新コースとなるが、総合タイムは10時間49分27秒。従来の大会記録を２分以上も短縮して、後続には平成以降で最大となる10分50秒という大差をつけたからだ。復路は５人全員が区間２位以内（３人が区間トップ）で、３区以降のすべての区間で大学記録を上回った。

「そもそも箱根で何かを成し遂げたいという思いはないんですよ。どちらかというと原晋という男の存在価値を認めてもらいたいという気持ちの方が強かった。僕は陸上の原じゃなくて、ビジネスマンの原が近いかな。箱根は興味がなかったですし、観てもいなかった。それでも、やればできる。監督就任当時は研究しましたよ。なぜ弱いのか。まずは弱い原因をピックアップして、それを取り除けば、強くなれる。トレーニングうんぬんよりもマネジメントですよ」

勢いに乗った青山学院大学は翌２０１５年度、出雲と箱根で優勝。２０１６年度には駅伝３冠をあっさりと達成した。

メディアに引っ張りだこになった原監督はしたたかだった。２０１７年４月に早稲田大学大学院スポーツ科学研究科・トップスポーツマネジメントコース（修士課程１年制）に入学。自らの理論をレポートに落とし込むと、「山の神」が卒業した後も箱根駅伝で圧倒的な戦績を残してきた。２０１８年の第94回大会で４連覇を成し遂げると、第96回大会、第98回大会でも優勝。この９年間で実に６回も正月決戦を制している。

ただし、昨年度は出雲４位、全日本３位、箱根３位と不発に終わり、近藤幸太郎、岸本大紀、中村唯翔、中倉啓敦、横田俊吾ら強かった世代が卒業した。黄金時代の終焉が近づいているのか。それとも再び、常勝軍団を築くことができるのか。この数年が青山学院大学のターニングポイントになりそうだ。

東海大学の大胆強化策とその後の凋落

栄華を極めた青山学院大学に強烈なライバル意識で立ち向かったのが、原晋監督と同学年の両角速駅伝監督が指揮する東海大学だ。

長野・佐久長聖高校の監督時代に上野裕一郎（立教大学駅伝監督）、佐藤悠基（SGホールディングス）、大迫傑（ナイキ）らを育てた両角は2011年に母校の駅伝監督に就任。2年目の箱根駅伝予選会で悪夢を味わい、連続出場が「40」で途絶えるも、その後、東海大学は確実に強くなっていく。

就任5年目の第91回大会（15年）で6位に食い込むと、2015年度は三大駅伝すべてで5位に入った。翌年春には5000mで14分23秒以内のタイムを持つ選手（關颯人、鬼塚翔太、羽生拓矢、阪口竜平、館澤亨次、小松陽平、西川雄一朗ら）13名を含む20数名が入学して、学生長距離界をザワつかせる。駅伝上位校の2校分くらいの〝大量補強〟だったからだ。

そして、両角監督の狙い通り、この〝黄金世代〟が学生駅伝を席巻する。2017年に出雲駅伝を制すと、翌年度の箱根駅伝（第95回大会）で悲願の初優勝に到達した。2019年は全日本大学駅伝で16年ぶりのタイトルを獲得。箱根は連覇を逃すも、2位に入った。学生駅伝で頂点に立った東海大学だが、黄金世代が入学した〝歪み〟が、その後のチームビルディングに影響することになる。

黄金世代が入学した翌年度は全国高校駅伝1区でトップ3を占めた名取燎太、塩澤稀夕、西田壮志が加入するも、「先輩たちが強すぎる」と敬遠する選手もいて、新入生は前年の半数ほどしか集まらなかった。

名取、塩澤、西田の3本柱が卒業すると、戦力が大幅低下。エース石原翔太郎の故障もあり、2021年度は出雲が9位、全日本が12位、箱根は11位に沈んだ。昨季は石原が復調するも、全日本は10位、箱根は15位と振るわなかった。その後、現在の3年生世代が7人に減少するなど、チームは大きく揺れた。

それでも今季は5月の関東インカレでは1部1万mで花岡寿哉（2年）が28分15秒65で日本人トップに輝くと、同5000mでエース石原翔太郎（4年）が2位。6月の全日本大学駅伝関東学連推薦校選考会は「無理せず」に3位で通過した。「ちょっと世間をお騒がせしましたが、良くなっていくきっかけでもあったかなと思うので頑張ります」と両角監督は話していた。

佐藤悠基、大迫傑ら世界へ羽ばたく選手を何人も育ててきた両角監督。カリスマ指導者の〝本領発揮〟を期待せずにはいられない。

昨季「駅伝3冠」を達成した名将・大八木監督がもたらしたもの

箱根駅伝で4連覇を飾るなど「平成の常勝軍団」を築いた駒澤大学・大八木弘明監督。〝5区最長時代〟の箱根は苦戦したが、全日本大学駅伝は村山謙太、中村匠吾らを擁して2011年から4連覇を達成した。

しかし、その後は厳しい時代が続いた。「年齢もあり、指導にかける情熱が少し薄れてきた部分があった」と大八木は漏らしていたが、還暦を過ぎて、指導の熱が再燃した。

「謙太と匠吾が卒業して、気持ち的に落ち込んでいた部分があったんです。でも田澤廉（当時2年）が奮い立たせてくれたのはありますね。今の1年生にもいい選手が入ってきてくれて、もう一度頑張ってみようかなという気持ちが湧き上がってきたんです」

駒澤大学は鈴木芽吹ら現在の4年生が1年生のときに全日本大学駅伝で6年ぶりの優勝。正月の箱根駅伝（第97回大会／21年）は最終10区で創価大学を大逆転して、

13年ぶりの総合優勝に輝いた。

２０２１年度は全日本大学駅伝を連覇。箱根駅伝は3位に終わったが、エース田澤廉は12月の日本体育大学長距離競技会1万mで日本人学生最高記録&日本歴代2位となる27分23秒44をマーク。翌夏のオレゴン世界陸上競争選手権大会1万mの参加標準記録を突破した。

田澤が最終学年を迎えた２０２２年度、駒澤大学は〝快挙〟を成し遂げることになる。絶対エースが夏にオレゴン世界選手権1万mの日本代表として羽ばたくと、出雲を9年ぶりに制して、全日本は3連覇。箱根駅伝も完勝して、悲願の「駅伝3冠」を達成したのだ。そして大八木監督は〝勇退〟を発表した。

大八木は学生駅伝（出雲、全日本、箱根）で最多27度の優勝を果たしただけでなく、同時に世界を目指す選手を育成したことに〝価値〟がある。

「選手たちには『箱根は通過点』と言ってきました。箱根で終わるのではなく、ユニバーシアード（現・ワールドユニバーシティゲームズ）に行くのは当たり前。さらに世界選手権や五輪に行ける選手が育ってくれればなおさらいいなという感じでやってきたんです」

箱根駅伝の前にトラックで好タイムが出ると、正月決戦のピーキングが難しくなる。しかし、大八木は世界大会のチャンスがある田澤にはあえて12月に1万mのタイムを狙わせた。箱根だけでなく、世界を見つめる育成法こそ、大八木が駒澤大学に残した〝遺産〟だといえるだろう。

大八木は昨季までヘッドコーチを務めていた藤田敦史に監督の座を譲ったが、今季も総監督としてチームを支えている。

駒澤大学を卒業した田澤はトヨタ自動車に入社。母校を拠点にして、鈴木芽吹（4年）、篠原倖太朗（3年）、佐藤圭汰（2年）らSチームの選手とともに大八木の指導を受けて、今夏はブダペスト世界選手権1万mに出場した。粘りの走りで15位に入り、オレゴン世界選手権（20位）から順位を押し上げた。

今後も〝チーム大八木〟は世界を目指しつつ、駒澤大学のエースたちを育てていく。

前回王者・駒澤大学の今季のチーム力は？

王者・駒澤大学は大エース・田澤廉、主将・山野力らが卒業したが、今季も快進撃を続けている。まずは箱根3区を区間2位と好走した篠原倖太朗（3年）が今冬に大活躍。2月5日の香川丸亀国際ハーフマラソンを日本歴代4位＆日本人学生最高となる1時間00分11秒で走破すると、3月12日の日本学生ハーフマラソンを1時間02分16秒で完勝した。

5月の関東インカレは鈴木芽吹（4年）、篠原、佐藤圭汰（2年）を〝温存〟するかたちをとったが、青山学院大学、國學院大學がいる男子2部の長距離種目で圧倒的な強さを見せつけている。

9人の留学生が参戦した初日の1万mは唐澤拓海（4年）が日本人トップとなる4位（28分26秒83）でフィニッシュ。箱根6区で区間賞を獲得した伊藤蒼唯（2年）も8位（28分30秒34）に入り、超激戦種目でダブル入賞を果たした。

唐澤は2年時に関東インカレ2部の5000mと1万mで日本人トップに輝き、

箱根駅伝は1区を2位と好走した実績を持つ。しかし、昨季は左脚（膝やアキレス腱）を痛めることが多く、「競技に足が向かなかった」と振り返る。三大駅伝の出番はめぐってこなかった。

それでも最終学年を迎えた今季は、「駒澤に陸上をやりに来たので、最後はちゃんとやろうという意識が出てきた」と奮起。4月22日の1万mを自己ベストの27分57秒52で走ったダメージが残っていながら、2年ぶりの関東インカレでも結果を残した。

最終日のハーフマラソンでは箱根Vメンバーの赤星雄斗（4年）と山川拓馬（2年）がワン・ツーを飾った。初めての関東インカレで緊張していたという赤星。「言ったら怒られるんですけど、調子も良くなかったので、入賞が目標だったんです」というが、時差スタートした1部のケニア人留学生に食らいつくと、最上級生のプライドが爆発した。「山川は練習から強くて、粘りもある。でも後輩には負けられない」と残り1㎞で引き離した。

一方、先輩に遅れをとった山川も3月に腰椎板ヘルニアを発症して、1か月ほど走れなかったという。それでも、「言い訳はできません。他大学には絶対に負けない、と決めていたので。でも最低限の目標は達成できました」と意地を見せた。

今年の箱根駅伝は山上りの5区を1時間10分45秒（区間4位）と好走した山川。第100回大会は「区間賞・区間新が目標です。1時間10分を切れるような選手になりたい」と再び、5区で勝負したい意向を明かしている。

佐藤圭汰（2年）は日本選手権5000mで学生トップの4位。今季は海外レースにも積極的に参戦している。目標にしていたブダペスト世界選手権には一歩届かなかったが、杭州アジア大会の男子5000m代表に選ばれた。

主将・鈴木芽吹は7月のホクレン・ディスタンスチャレンジ千歳大会5000mで日本人学生歴代10位（当時）となる13分24秒55をマーク。同世代のライバル吉居大和（中大4）にも先着した。昨季は故障に苦しんだ1年になったが、エースの〝完全復活〟を告げる快走は王者・駒大の「強さ」を象徴しているようだった。

今夏はワールドユニバーシティゲームズに2名の代表を送り込んだ。安原太陽（4年）は5000mで銀メダル。篠原倖太朗（3年）はハーフマラソンの団体で銅メダル（個人は6位）を獲得している。

箱根駅伝メンバーで考えると、前回の1区（円健介）、2区（田澤廉）、9区（山野力）は卒業したが、前回は、前々回1区2位の唐澤、同5区4位の金子伊吹、2度の箱根経験がある白鳥哲汰、2年連続で全日本大学駅伝の最終8区を担った花尾恭輔というキャリアのある4年生が出場していない。また3区を予定していた佐藤圭汰も直前の体調不良で外れている。離脱者が出なければ、前回以上に強力なオーダーを組むことが可能だ。

藤田敦史監督は大八木イズムを引き継いでおり、基本的な考え方は同じ。練習メニューもほとんど変わっていないという。

夏に藤田監督を取材したが、「選手たちが戸惑ってしまうのを一番気にしているので、あまり変えることはしたくなかったんです」と非常に冷静だった。その一方で、「まだ経験値がないので、自分のなかでそういう物を出せるときが来ればいいかなと思っています」といずれは自分のカラーを出すことも考えているようだった。

トラックシーズンではナンバー1の強さを見せつけたが、駅伝は昨季3冠を成し遂げた重圧もある。その影響がどう出るのか。

藤田監督の初采配となった10月9日の出雲駅伝は区間配置に頭を悩ませながら大会新記録で完勝した。

はたして大八木総監督&藤田監督の〝新たな指導スタイル〟がどんなチームを作り上げていくのだろうか。

第100回大会で優勝を目指す名門・中央大学の復活劇

前回の第99回大会で王者・駒澤大学と競り合ったのが出場回数（96回）と優勝回数（14回）で最多を誇る中央大学だ。1959年の第35回大会から6連覇を果たしただけでなく、1989年の第65回大会から第78回大会までは4位が最低成績。その後も「連続シード」は死守してきた。しかし、第89回大会（13年）でまさかの途中棄権。28年連続シードが途切れると、第93回大会では予選会で敗退した。

沈みゆく名門を救ったのが、世界選手権の男子マラソン代表を3度も経験した藤原正和駅伝監督だ。就任1年目（16年）の7月に取材をしたとき、藤原監督は母校の現状をこう分析していた。

「以前は他の大学がそこまでスカウティングに力を入れていなかったこともあり、中央大学に好選手が集まっていました。そのため、全国大会で入賞レベルの選手が勝手に来るだろうという甘い考えが、OBを含めてあったと思います。でも、もうそんな時代ではありません。MARCHというくくりでいうと、私の学生時代は中央大学と法政大学しか箱根に出場していませんが、明治大学と青山学院大学が学生駅伝でトップを争うチームになった。一方で中央大学は外のスピード感に全然ついていけてないのが現状だと思いますね」

6月の全日本大学駅伝関東学連推薦校選考会で過去ワーストの結果に沈むと、1年生の舟津彰馬を主将に抜擢。国内だけでなく、海外にも目を向けるなど、古い体質だった中央大学を改革していった。

「全員が同じ思いで箱根に向かっていく時代ではありません。平等ではなく、才能ある選手は米国に連れていき、強豪チームのなかでトレーニングをさせるプランも考えています。他大学よりも部員は多くないので、一人ひとりにフォーカスしたようなことをやって、個々に合う成長曲線を描いて送り出したい。チームとしては2～3年でシード権、5～6年で3位以内、10年で優勝を目指したいですね」

就任1年目の立川決戦（箱根駅伝の予選会）で悪夢を味わったが、チームを確実に変えていく。就任6年目の２０２１年度は9年ぶりとなる全日本大学駅伝で8位。シード権を獲得すると、箱根駅伝（第98回大会）は6位に入り、10年ぶりとなるシード権を獲得した。そして昨季は出雲駅伝で3位、全日本大学駅伝で7位。箱根駅伝は22年ぶりのトップスリーとなる準優勝に輝いた。

チームが急浮上できたのはエース吉居大和（4年）の存在が大きい。ルーキーイヤーは５０００mで大活躍。7月にU20日本記録を15年ぶりに塗り替える13分28秒31をマークすると、9月の日本インカレは強烈なスパートで〝1年生V〟を達成した。12月の日本選手権はU20日本記録（当時）を13分25秒87まで短縮して3位に食い込んでいる。

2年時は箱根駅伝1区で爆走する。10kmを27分台で通過すると、東海大・佐藤悠基（現・SGホールディングス）が保持していた伝説の区間記録を26秒も更新した。

そして前回の箱根駅伝は2区で区間賞。区間歴代8位の1時間06分22秒で走破して、藤原監督の大学4年時以来、19年ぶりに伝統の赤いタスキを戸塚中継所にトップで運んだ。エースの快走がチームの順位を押し上げてきたのだ。

今季は藤原監督就任8年目だが、吉居大和、中野翔太ら現在の4年生が1年時から「第100回大会で優勝を目指す」と公言。2024年正月の箱根駅伝は勝負に出る。

トラックでパリ五輪を狙う吉居大和は昨冬も渡米して、バウワーマン・トラッククラブの練習に参加（弟・駿恭も初参加）。吉居駿恭（2年）が5月のゴールデンゲームズ5000mで13分27秒33の自己ベストを叩き出すと、兄・大和は6月の日本選手権5000mでセカンドベストの13分27秒72で8位入賞を果たした。

関東インカレは1部ハーフマラソンで主将・湯浅仁（4年）が日本人トップの2位。同5000mでは吉中祐太（2年）が8位入賞を果たした。6月にはオーストリア・ウィーンの5000mで中野翔太（4年）が日本人学生歴代9位（当時）の13分24秒11をマーク。7月のホクレン・ディスタンスシリーズ5000mでは溜池一太（2年）が13分39秒85、吉中が13分44秒09、山平怜生（3年）が13分44秒99、浦田優斗（3年）が13分52秒77まで自己ベストを短縮するなど、抜群のスピードを誇っている。

9月30日のアスレチックスチャレンジカップ5000mで吉居駿恭が13分22秒01（日本人学生歴代6位）をマーク。10月1日の世界ロードランニング選手権には吉居大和が5kmに出場した。しかし、初優勝のチャンスがあった10月9日の出雲駅伝はエース吉居大和の欠場が響き、7位に終わっている。

それでも敗因が明確で、箱根駅伝では〝大逆襲〟が期待できる。前回大会は1区溜池が区間4位につけると、2区吉居大和でトップに立ち、3区中野が区間賞。4区吉居駿恭（区間5位）で首位から陥落した。5区阿部陽樹は区間3位。この往路メンバー全員が残っている。そのなかで前回は2区候補だった中野が前年の11月に故障があった影響で3区にまわり、このようなオーダーになった。

1月後半の取材では、「優勝を目指すとなると、吉居大和のようなゲームチェンジャーを2人、3人出さないといけないなと強く感じましたし、駒澤大学との一番の差は選手層だと思います。中間層の育成により注力してやっていきたいですね。今回、往路を走った選手のうち2人くらいは復路で使いたい。よりハイペースの復路に持ち込みたいと思っています」と藤原監督は話していた。選手層は厚くなっているが、どんなオーダーで28年ぶりの栄冠を狙いにいくのか。

今季の学生長距離勢力図

王者・駒澤大学、吉居大和という爆発力のあるエースがいる中央大学。この〝2強〟以外の戦力はどうなのか。

前回の箱根駅伝でトップ3を死守した青山学院大学は出走メンバー7人が卒業。4年生の出場は佐藤一世のみで、戦力的にはダウンする。それでも太田蒼生（3年）が前年（3区で区間歴代3位）に続いて、今年（4区を区間歴代3位）も快走。前回は欠場したが、前々回5区を区間3位と好走した若林宏樹（3年）もいる。選手層が厚いチームだけに2区終了時で好位置につけることができれば面白い。

2強を追いかける一番手は、前回4位の國學院大學になるだろう。平林清澄（3

年）が2区で区間7位（日本人5位）、山本歩夢（3年）が3区を区間5位と好走。5区の伊地知賢造（4年）は11月に故障のあった影響で区間7位に終わったが、この〝3本柱〟はトラックで自己ベストを更新するなどさらに力をつけた。他にも2月の丸亀ハーフマラソンで高山豪起が1時間01分42秒、青木瑠郁が1時間02分02秒、嘉数純平が1時間02分18秒と2年生トリオが國學院大學歴代3、5、8位の好タイムを残している。伊地知、平林、山本の3本柱に加えて、昨年の全日本大学駅伝5区で区間賞を獲得した青木も攻めの走りができる選手。さらに板垣俊佑（3年）、後村光星（1年）ら学生駅伝未経験者も成長している。箱根駅伝の主要区間はハメやすいが、駒澤大学時代に藤田監督の1学年下だった前田康弘監督がどんなオーダーで勝負を仕掛けてくるのか。

前回5位の順天堂大学は出走メンバー5人が卒業するも、吉岡大翔というスーパールーキーが入学した。吉岡は昨季、佐藤圭汰（駒澤大学）が保持していた5000mの高校記録を約9秒も更新する13分22秒99を叩き出すと、全国高校駅伝3区でも佐藤が持っていた日本人最高記録を大幅更新。ルーキーイヤーも関東インカレは

1部5000mで4位（13分48秒19）、日本選手権5000mは14位（13分36秒85）、日本インカレ5000mは日本人トップに輝いた。出雲駅伝は1区で11位に沈んだが、ロードも強い選手だけに箱根駅伝には合わせてくるだろう。エース三浦龍司はブダペスト世界選手権3000m障害で6位入賞。箱根駅伝ではまだ本領を発揮していないが、自慢のスピードでレースをかき回したい。

前回6位の早稲田大学は出走メンバー8人が残る。石塚陽士が2区（区間10位）、伊藤大志が5区（区間6位）を務めるなど主要区間を3年生が経験したのも大きい。関東インカレは1部1万mで石塚陽士（3年）が3位（28分26秒83）、工藤慎作（1年）が6位（28分35秒76）。5000mは山口智規（2年）が3位（13分47秒98）、伊藤大志（3年）が5位（13分49秒11）と2種目でダブル入賞を達成。3000m障害では主将・菖蒲敦司（4年）が3連覇を成し遂げている。7月のホクレン・ディスタンスシリーズの5000mで石塚が13分33秒86、山口が13分35秒35、伊藤が13分37秒19。前回の箱根駅伝は期待のルーキーだった山口が出場できなかっただけに、花田勝彦駅伝監督2年目は上位進出の可能性がありそうだ。

他の箱根駅伝シード校はどうか。前回7位の法政大学は全日本大学駅伝関東学連推薦校選考会こそ不発だったが、例年通り、正月決戦を見据えてチームを強化中。今回もシード権争いを繰り広げるだろう。

同8位の創価大学は前回メンバー6人が卒業したが、選手層は厚くなっている。関東インカレの2部ハーフマラソンでは吉田凌（3年）が3位入賞。日本インカレは1万mで小暮栄輝（3年）が日本人2番の9位、同5000mで織橋巧（1年）が7位入賞を果たしている。出雲駅伝では小暮と織橋を起用せずに、過去最高の2位に入った。箱根駅伝は往路優勝を狙える戦力があり、来年以降も期待値が高いチームだ。

同9位の城西大学も面白い。今年の出雲駅伝では3位に大躍進している。前回5区で区間新記録を打ち立てた山本唯翔（4年）、1年生ながら花の2区を担った斎藤将也がさらに成長。前回3区で区間11位と伸び悩んだヴィクター・キムタイ（2年）が関東インカレ2部の5000mと1万mで優勝するなど格段に力をつけた。3人の区間で上位進出できるだろう。

同10位の東洋大学は昨季、学生駅伝に不出場だったエース松山和希（4年）が復帰。元5000m高校記録保持者で1年時に出雲と全日本で区間賞を獲得した石田洸介（3年）と〝共演〟できれば、鉄紺のタスキが誇らしげに揺れるだろう。

予選会突破校では昨年度の全日本大学駅伝関東学連推薦校選考会をトップで通過した大東文化大学、トラックレースで好タイムを残している東海大学に〝シード権獲得〟の期待が高い。

本格強化している大学は40校以上、箱根予選会の戦い

現在、箱根駅伝の出場校は通常大会で「20」。前回大会で10位以内に入った大学は「シード権」があり、残り「10」は10月中旬の予選会で決まる。

前回（第99回大会）は神奈川大学と中央学院大学が〝時代の波〟に飲み込まれた。両校は箱根駅伝の常連で、6月の全日本大学駅伝関東学連推薦校選考会を神奈川大学は1位で、中央学院大学は6位で突破。箱根予選会の通過は濃厚だと見られていたが、悪夢が待ち受けていた。

両校とも主力選手の欠場もあり、予選会に特化した戦略である「集団走」（数人がグループを組んで確実に走る戦法）も崩壊。例年以上に気温が高くなったのも影響した。両校とも15㎞通過順位では〝出場圏内〟に入っていたが、終盤に弾き出された。

神奈川大学と中央学院大学は箱根駅伝予選会で集団走をいちはやく取り入れたチームで、今から30年ほど前になる。予選会を通過できない年もあったが、両校は激動の箱根駅伝でしぶとく生き残ってきた。しかし、時代は移り変わっている。

近年顕著になっているのが留学生ランナーの増加だ。２０２１年は伝統校といえる大東文化大学と専修大学が、翌年は２０００年代に初出場を決めた上武大学と城西大学、それから２０１８～２０２０年に僅差で落選した麗澤大学などがケニア人留学生を初採用。２０１６年の予選会は９人だった留学生の出走が２０２１年は12人、２０２２年は15人まで増加した。

ケニア人パワーは大きく、前々回は駿河台大学が予選会を初めて突破。専修大学も2年連続出場を死守している。前回は大東文化大学が4年ぶりの復帰をトップ通過で飾ると、城西大学も3位で突破した。さらに麗澤大学も前年の28位から14位まで急上昇している。

なお前回はケニア人留学生が個人順位で1〜7位を占めた。そのレベルの留学生が神奈川大学と中央学院大学にいれば、予選会を悠々と通過していた〝計算〟になる。

箱根予選会の突破にはケニア人留学生が欠かせない状況になりつつあるだけに、前回55年ぶりの本戦出場を決めた立教大学は〝ミラクル通過〟だったともいえるかもしれない。

なお第100回記念大会は出場枠が「23」に拡大されるため、予選会突破ラインも「10」から「13」になる。本書執筆時に予選会の結果はわからないが、順当にいけば、東京農業大学は通過するだろう。

東京農業大学は筆者の母校で、古豪といえる存在だ。箱根駅伝は第2回大会から参戦して、全69回の出場。全日本大学駅伝は19回出場して、5度の準優勝を経験している。しかし、筆者が在学中（95〜98年度）に箱根駅伝の〝スピード〟についていけなくなる。箱根駅伝は第86回大会（10年）で5位に入ったが、それが最後の花火だった。

１９９1年東京世界選手権男子マラソン代表（故障で出場辞退）で前ＳＵＢＡＲＵ監督の小指徹が母校のコーチを経て、監督に就任。チームは少しずつ変わっていく。監督就任2年目の２０２０年には学法石川高校の全国高校駅伝5位メンバーである高槻芳照と長谷部慎が入学。同年の箱根予選会では高槻が個人34位、東京実業高校出身の並木寧音が同47位に入り、1年生が学内ワン・ツーを占めた。総合結果は17位だったが、小指監督は、「高槻と並木が4年のときに箱根駅伝に復活できる」という思いを持ったという。

ふたりは順調に成長。昨年12月の日体大長距離競技会1万mでは高槻が28分11秒99、並木が28分16秒30をマークした。

そして今季は昨年のインターハイ５０００ｍで日本人トップに輝いた前田和摩が入学。スーパールーキーが6月の全日本大学駅伝関東学連推薦校選考会で爆走する。最終4組を任された前田はケニア人留学生と真っ向勝負を披露。ラスト勝負で遅れたが、1万mでU20日本歴代2位となる28分03秒51の3着でゴールに駆け込んだ。1年生が日本人トップタイムを出したのは報徳学園高校の先輩・竹澤健介（早稲田大学／05年）以来で、全日本選考会の日本人最高記録（28分31秒84）も大幅に塗り替えた。

14年ぶりとなる全日本大学駅伝出場を決めた東京農業大学。前田和摩という〝学生長距離界のエース候補〟を擁して、学生駅伝で〝完全復活〟できるのか。

［インタビュー］

ゼロからチームを作り、常連校に導いたベテラン監督が語る舞台裏

川崎勇二氏（中央学院大学駅伝部監督）

選手の育成と強化のために重要なのが「監督」の存在だ。１９９４年（70回）に初出場を果たし、その後着実に成果を積み重ね、今や常連校の１校である中央学院大学を率いているのは、川崎勇二監督だ。自身もかつて箱根路を走った川崎氏

は、箱根駅伝をあくまでも「学生スポーツ」の枠として捉えている。指導者の立場として箱根駅伝が置かれている環境や選手たちに与える影響などについて話を伺った。

――川崎監督は現在の学生駅伝界で大ベテランといえる年齢になりました。ほとんどゼロからチームを作り上げて、激動の箱根駅伝を戦ってきたキャリアはとても素晴らしいと感じています。昔のお話をする機会も少なくなっていると思いますので、まずは高校時代のことからお聞きします。兵庫・報徳学園高校3年時は全国高校駅伝（80年）で1区（区間11位）を任され、チームは準優勝に輝きました。順天堂大学に進学しますが、どんな理由があったんですか？

恩師・鶴谷邦弘先生は大学なら母校である日本体育大学、実業団なら地元の神戸製鋼に進ませたいと考えていました。家庭の事情で大学進学は難しい。それで神戸製鋼に行く予定だったんですけど、神戸製鋼の佐々木精一郎監督と順天堂大学・澤木啓祐先生が懇意にされていた関係で、澤木先生から声をかけていただき、授業料も面倒を見ていただけるということで、順天堂大学に進学したんです。

――当時の箱根駅伝にはどんな印象をお持ちだったんですか？

実はあまり興味がなかったんです。高校時代は高校駅伝一色でしたから。専門誌で順天堂大学の中井良晴、中島修三という選手が凄いなというくらいしか見ていなかったんです。箱根駅伝にどうやって出るのかも知りませんでした。当時は順天堂大学、早稲田大学、日本体育大学が上位を走っていたんですけど、箱根駅伝に出たいとかそういう思いは別になかったですね。

――大学に入学して、箱根駅伝へのイメージは変わったんですか？

とにかく澤木先生の箱根に対する情熱が凄まじかったんです。大学に来たら「箱根は走らなきゃいけないんだ」と澤木先生を見て思いました。

――澤木さんは世界大会にも出場しています。それでも箱根駅伝なんですね。

当時はまったくわからなかったんですけど、私も指導する立場になって、その気持ちがわかるようになりました。箱根駅伝は独特の雰囲気があるじゃないですか。あの場にいるのと、テレビで観るのではまったく違う。当時40歳くらいだった澤木先生がこんなに一生懸命になっている。おかしいんじゃないかと思ったんですけど、あの空気に触れると人間が変わることを実感したんです。

——大学時代は故障に悩まされたそうですが、箱根駅伝は3年時（第60回大会／84年）に7区を走られています。その雰囲気を感じるものがあったんですか？

1年生のときに5区を走る予定だったんです。そのときに、外れるのは大変なことなんだというのを澤木先生からこんこんと言われました。2年時も5区を走る予定だったんですけど、そのときも外れました。1年時は4年生の小山輝夫さん、2年時は3年生の木村康樹さんが上ってくれました。2人ともぶっつけ本番だったんです。とにかく澤木先生の箱根駅伝に対する熱にはビックリしましたね。私は澤木先生ほどの熱はないので、今でも凄いなと思います。あの情熱は学生に伝わるんじゃないでしょうか。それは駒澤大学の大八木弘明さんも一緒だと思いますね。

——順天堂大学を卒業された後、中央学院大学の常勤助手となり、陸上競技部コーチに就任。1992年、駅伝部の立ち上げと同時に監督に就任されました。ほとんどゼロからチームを作りましたが、どんなご苦労があったんでしょうか？

大変だと思ったことはなかったですね。日々、前進していくばっかりでしたから。当初は1500mで5分以上かかるような選手もいて、「箱根駅伝」なんて恥ずかしくて言えませんでした（笑）。ただ、コーチとして一緒に走ってあげて、記録を伸ばしてあげられたらいいなと思っていたんです。順天堂大学の2学年後輩に当たる鶴藤道夫君（元キヤノンAC監督）が実技助手として大学スタッフに加入したんです。彼は5000mで16〜17分かかるような選手たちに、箱根駅伝のビデオを見せていたんですよ。最初は、何やっているんだ？　と思っていたんですけど、そのあたりから私も「箱根駅伝」という言葉を口にするようになりました。徐々に箱根駅伝が夢から現実的な目標に変わっていったんです。

――第70回記念大会（94年）で初出場を果たすと、翌年も出場。その後は、また出られなくなりました。この辺りから箱根駅伝は急激にレベルアップしていきます。

第70回と第71回大会は5km16分ペースで20km走れれば、予選会を突破できる時代だったんです。ただ、第63回大会から日本テレビの生中継が始まり、第70回記念大会で20校が出場しました。そこから各校の強化が本格化してきて、急激にレベルが上がりましたね。第72回大会の予選会は、通過ラインがひとりあたり1分近く上がったんじゃないでしょうか。ちょっとうちのやり方じゃ追いつかなくなったんです。当時は1万m29分台がひとりもいないようなレベルでした。そういう子たちは20kmを64分で走れても、62分に持っていくのは無理でしたね。そのあたりからある程度の人材を集めないと、箱根駅伝は追いつかないと感じました。

――その状態から箱根駅伝に復帰して、福山良祐コーチが最上級生だった第79回大会（03年）でシード権を初めて獲得しました。どのように強化されたんですか？

とにかく有望な高校生に来てもらう。それが一番でしたね。ただスタッフは私ひとり、教員もやっているので授業もあります。当時は月曜日から金曜日までフルに授業があったので、勧誘に行けるとしても土日しかありません。大学の試合もあるし、練習もある。すべてが中途半端でしたね。ただ福山君が入るちょっと前から、少しずつ面白い選手が入ってくるようになったんです。そして福山君の代は勧誘した選手がほとんど来てくれた。これはいけるな、という手応えがあったんです。

――第72回大会くらいまでのスカウティングはどんな状況だったんですか？

うちのような小さな大学はブランド力もないので、普通に勧誘しても、なかなか来てくれません。当時は私も若かったので、一生懸命やっていることをアピールしました。でも話を聞いていただける先生は順天堂大学OBと以前から懇意にしている兵庫県の先生方ぐらいしかいなかった。第70回大会の出走メンバーは兵庫県出身が半分以上だったと思います。当時は授業料免除がなく第72回大会の予選会で落選して、大学にお願いをしました。そこから授業料免除の選手を獲得できるようになったんです。それで第75回大会に復帰することができて、第79回大会の初シードにつながりました。

――その後は18年連続で箱根駅伝に出場しました。その間、5区が最長区間になった時代がありましたが、どう感じていましたか？

正直対応できなかったですね。最長区間になって人選が変わりましたから。それまでエースは間違いなく2区でした。それが2区から3区に行く傾向が出てきて、5区が最長区間になったことで、区間配置が一気に変わりました。最長区間になる前の5区は、どちらかというと平坦の走力はないけど、上りが強いという選手が中心だったんです。それがチームのエース級が入るような区間になりました。順天堂大学・今井正人君、東洋大学・柏原竜二君が良い例です。もう戦略が完全に変わりましたよね。

――総合優勝するには5区で区間賞を取るのが近道になりました。

5区で区間賞を獲得したチームがほぼ優勝でした。駅伝対策委員会でもその傾向をデータ化しており、5区だけの箱根駅伝になってしまうことを危惧していたんです。その頃、鈴廣さんの改修工事が終わり、往路の小田原中継所が元の場所に戻り、4区と5区の距離も元に戻ることになりました。ほとんどの大学が元に戻って良かったと思っているはずです。

――今井選手、柏原選手、神野大地選手は「山の神」と呼ばれました。そういう選手を育成するのは難しかったわけですよね。

力のある選手を大量に抱えるところでないと、なかなか難しいですよ。山専門で作ろうとしても、我々のような大学は区間上位で走れる実力者が数人しかいません。5区よりも、前半の区間に持っていく必要がある。5区まで手が回らないという状況でした。

——第79回大会（03年）から出場校が「15」から「20」（19校＋関東学連選抜）になりました。そのときは皆さん喜んでいたと思いますけど、強化する大学が増えて、選手勧誘が過熱した部分もあると思います。

出場枠が増えたことで、本格強化する大学が続々と出てきたんです。ますます新人の確保が困難になってきました。そのあたりぐらいから各大学が、授業料免除だけでなく、奨学金を出すようになってきたんです。

——お聞きしにくいことですが、中央学院大学は第97回大会の予選会で敗退。連続出場が「18」で途切れました。どんな原因があったのでしょうか？

様々な理由があるんですけど、大きかったのがナイキ厚底シューズの対応に出遅れたことです。第95回大会はまだ履いている選手は多くなかったんですけど、第97回大会は９割以上の選手が履いていました。凄いシューズが出たなという程度でどれぐらいのメリット、デメリットがあるのか当時はわからなかったんです。私も保守的な人間だったので、これまでのノウハウでいけるという甘い考えがありました。

またナイキと契約している大学は履くことができたんですけど、厚底シューズを入手できない時期もありました。いずれにしても、私自身の怠慢で失敗したと思います。練習の設定タイムも全部変えていかなきゃいけないなと思っていたら1年遅かったですね。完全に乗り遅れました。

——予選会に関しては留学生がいないと通過できない時代になりつつあります。

1人いるだけでものすごく楽になりますよ。11番目と1番目のタイム差分が短縮するわけなので、タイムは3～5分も変わってきますから。

——前回の第99回大会も予選会で落選しました。

前回は落ちるはずがないと思って、落ちました。主力が半分ぐらい出ていないんですよ。厚底シューズの影響もあるかもしれませんが、練習量が少ない割には、故障が多いですし、復帰までに時間がかかる。今季は実業団チームでコーチ経験のある福山良祐を入れて、リハビリのことも彼に指導してもらっています。

——浮き沈みがありながらも激動の時代に箱根駅伝で確固たる地位を築き、OBも存在感を見せています。ジャパンマラソンチャンピオンシップ（JMC）シリーズIIポイントラン

キングでは細谷恭平選手（黒崎播磨）が3位、市山翼選手（サンベルクス）が5位に入るなど、駒澤大学勢に次ぐ活躍でした。川崎監督は以前、「無理に優勝を目指さない」とお話しされていたのが印象に残っています。

箱根駅伝の優勝を目指さないというより、正直なところ、目指したくても目指せないんです。私どもの大学には強豪高校のトップはほとんど来ません。チームの３番手、４番手が中心です。細谷君は故障が多く、市山君は５０００m15分台の選手でした。もともと劣等感を持っている子が多い。私の役割は劣等感を払拭して、上でやりたいという気持ちにさせることです。大学で高校時代に勝てなかった選手に勝ち、実業団では大学時代に勝てなかった選手に勝ってもらいたい。とにかく、「やりたい！」という気持ちにさせるのが私の役目だと思っています。

――近年の長距離界はシューズの影響もあり、レベルが上昇していますし、箱根駅伝を取り巻く環境も劇的に変化しています。何か感じるものはありますか？

指導者も箱根駅伝で結果を出さないと首を切られるんですよ。私は教員という身分ですので、結果が出なくても首になりませんし、給料も変わりません。ただ本格強化している大学は指導者に箱根駅伝での活躍を求めているので、指導者は箱根駅伝第一にならざるを得ない状況に追い込まれている。これは選手にとっても非常に大きなマイナスだと私は思っています。

――箱根駅伝は今後、どのように変わっていくと予想されますか？

競技的な話でいうと高速化がどんどん進むのは間違いありません。総合タイムで11時間を切っても、シード権を獲得できなくなっている。これだけ高速化が進むと、それだけの選手を揃えないといけません。そうなると有力新入生の確保が、さらに厳しい競争になってくるでしょう。有力選手は授業料免除が当たり前で、奨学金を用意しないといけない時代です。お金の問題がエスカレートしていくと、大きな社会問題になる恐れもある。あまりにも商業化してきているので、学生スポーツの精神に反しているなと感じています。

――箱根駅伝は学生スポーツであって、「学生」という枠のなかでやるべきものだというお考えなんですね。

そうです。お金の問題以外にも今年は有力選手の転校がありました。体育学部から経済学部なので、単位の互換がどうなっているのか。またあるエース級選手は故障の影響があり、今季は学連登録をせずに、留年するかたちをとることも考えたと聞いています。大学スポーツのやり方ではなくなってきているんですよ。箱根駅伝のためなら何でもやりますよ、という大学が出てきている。常識を外れたことが箱根駅伝の世界で起きているんです。第１００回大会を迎える箱根駅伝の価値とイメージを損なわないためにも、過剰なやり方はちょっと考えなきゃいけないんじゃないでしょうか。

――箱根駅伝は激動の時代を迎えていますが、どのように発展していってほしいとお考えですか？

箱根駅伝に関わるすべての指導者の考えをぜひ改めてもらいたいですね。箱根駅伝のために将来性を潰された選手がたくさんいます。箱根駅伝はもともと世界に通じる選手を育成するための大会であったはずなんです。それが、駅伝が終着点になってきている。箱根駅伝を頑張って、将来のマラソン挑戦や、オリンピックなどの世界大会につなげてほしい。そういう意識を指導者も持つべきだと思います。またメディアがあまりにも騒ぎ立てるのも問題です。1年間、箱根駅伝のことを考えるのではなく、学生たちの将来を考えながら、箱根駅伝を発展させていくべきだと思います。

川崎勇二（かわさき・ゆうじ）　中央学院大学法学部教授、駅伝部監督。1962年、広島県生まれ。兵庫・報徳学園高校では全国高校駅伝に3年連続で出場。主将を務めた3年時には1区（区間11位）を走り、チームの準優勝に貢献した。順天堂大学では3年時に箱根駅伝（第60回大会／84年）の7区に出場（区間9位）。1985年に中央学院大学の常勤助手となり、陸上競技部コーチに就任。1992年、駅伝部の立ち上げと同時に監督となる。第70回大会（94年）で中央学院大学を初めて箱根駅伝に導くと、第79回大会から第96回大会まで18年連続出場。第84回大会（08年）ではチーム最高位となる総合3位という成績を収めている。

第3章　箱根駅伝に高速化をもたらしたギアとトレーニング

箱根駅伝は超高速化

箱根駅伝のレベルは右肩上がりで上昇している。大昔のことは数字上でしかわからないが、1994年の第70回大会からのスピードアップは筆者もかつてランナーとして走った立場で実感している。

第70回大会は記念大会で通常の15校より5チーム多い20校が参加。19位が慶應義塾大学で、20位が筑波大学だった。ちなみに戦力的に最も低かった慶應義塾大学には1万mで30分を切る選手がいなかった。30分台が2人、31分台が7人、32分台が4人という選手層だった。

第70回大会までは比較的のんびりしたものだったが、一度20校まで広がった門戸が15校に狭まる第71回大会から〝戦国時代〟が始まった。それまで各校の指導は大学OBが手弁当でやっていたような感じだったが、実業団あがりの名選手たちが〝仕事〟として受け持つことになり、箱根駅伝の質が変わっていったのだ。

筆者が大学1年生だった第72回大会の予選会（20㎞レース）を寮のテレビで観戦

した。当時３年生だった先輩が「凄いことになっている」と驚くほどレベルが急上昇したのだ。第70回大会から第73回大会までの予選会「通過ライン」を総合タイム（カッコ内は20㎞のひとり平均タイム）で見ると、その急激な変化がよくわかるだろう。

第70回大会／10時間45分57秒（64分35秒07）
第71回大会／10時間29分54秒（62分59秒04）
第72回大会／10時間21分39秒（62分09秒09）
第73回大会／10時間15分26秒（61分32秒06）
※第70回は記念大会のためシード校を含む15番目のタイムで比較。

第73回大会は前年、箱根V候補ながら途中棄権した山梨学院大学と神奈川大学の参戦がさらなるハイペースを生み出して、予選会20㎞が「持久戦」のイメージから「高速化」へ一気に変貌した。この数字をもとにすると、第70回大会から第73回大会までのわずか３年間で予選会の通過ラインが20㎞のひとり平均で３分以上も短縮しているのだ。

箱根駅伝をとりまく環境も一気に変わった。拓殖大学や帝京大学といった新興勢力が予選を突破するようになる一方で、法政大学、国士舘大学、亜細亜大学、日本大学、東京農業大学、専修大学、東洋大学などかつての常連校が苦戦を強いられるようになったのだ。

他にも明治大学、青山学院大学、國學院大學、城西大学、上武大学なども本格強化を開始。第79回大会から参加枠は「15」から「20」（19校＋関東学連選抜）に、第91回大会から「21」（20校＋関東学生連合）に増えたが、神奈川大学、亜細亜大学、順天堂大学といった第74回大会以降に総合優勝を手にした大学ですら、予選会で落選するほど、箱根への道のりは険しいものになった。

第75回大会からは現行とほぼ同じ距離（厳密には第91回大会から20mほど長く、第82〜92回大会は5区が最長区間だった）で争われているが、総合タイムも劇的に上がっていく。大会最高記録とシード権獲得タイム（10位）の推移は以下の通りだ。

第75回大会（99年）／11時間07分47秒　11時間29分47秒
第76回大会（00年）／11時間03分17秒　11時間23分27秒
第87回大会（11年）／10時間59分51秒　11時間13分23秒
第88回大会（12年）／10時間51分36秒　11時間13分42秒
第91回大会（15年）／10時間49分27秒　11時間11分15秒
第96回大会（20年）／10時間45分23秒　10時間59分11秒
第98回大会（22年）／10時間43分42秒　10時間58分46秒
※第75・76回大会はシード権獲得が9位までだったが、ここでは10位の記録を表示した。

ロードレースは気象条件（気温や風）、レース展開がタイムに大きく影響するとはいえ、四半世紀足らずで、大会最高記録は24分05秒も短縮。シード権獲得タイムは31分01秒も上昇しているのだ。箱根駅伝の距離は217・1㎞。上位校の戦いはキロ6～8秒も速くなっている。なお男子マラソンの日本記録の推移は以下の通り。

1999年／2時間06分57秒（犬伏孝行）
2000年／2時間06分51秒（藤田敦史）
2002年／2時間06分16秒（高岡寿成）
2018年／2時間06分11秒（設楽悠太）
2018年／2時間05分50秒（大迫傑）
2020年／2時間05分29秒（大迫傑）
2021年／2時間04分56秒（鈴木健吾）

男子マラソンの場合、日本記録はキロ2・8秒しか短縮されていない。比較すると箱根駅伝のレベルアップが顕著だとわかるだろう。

ケニア人留学生の増加が高速化に拍車をかけた

箱根駅伝の高速化を分析したとき、ケニア人留学生の存在が大きいことがわかる。
もし箱根駅伝が日本人しか出場できない大会だとしたら、もっとのんびりしたものになっていたはずだ。

第1章で記した通り、１９８９年の第65回大会に出場した山梨学院大学のジョセフ・オツオリが爆走。以後も山梨学院大学の留学生が活躍する。なかでも箱根駅伝ファンに強烈なインパクトを残したのがステファン・マヤカとメクボ・ジョブ・モグスだろう。

マヤカは早稲田大学・渡辺康幸（現・住友電工監督）と同学年。ふたりは互いに「ライバル」と認め合う関係だった。箱根駅伝は花の2区で3度対決しただけでなく、出雲駅伝、全日本大学駅伝、関東インカレ、日本インカレでも激闘を演じている。当時の渡辺は日本人選手には〝無敵状態〟だったが、マヤカとの勝負を繰り広げたことで、さらにレベルアップ。4年時（95年）にはイエテボリ世界選手権1万m予選で27分48秒55の日本学生記録（当時）を樹立すると、同決勝は27分53秒82で12位に入った。

モグスは高校時代から日本人選手の前に立ちはだかった。3年時のインターハイは５０００mで優勝。同学年の佐藤悠基（現・ＳＧホールディングス）は「モグスに勝つにはどうしたらいいのか常に考えていました」というくらい意識していたという。佐藤とモグスは箱根駅伝で直接対決することはなかったが、関東インカレや日本インカレでは好勝負を演じている。箱根駅伝ではモグスは4年連続で2区を任され、3年時（第84回大会／08年）は1時間06分23秒、4年時は1時間06分04秒と2年連続で区間新記録を打ち立てた。一方の佐藤も1年時に3区、2年時に1区、3年時に7区で区間新記録を叩き出している。

佐藤が2年時（第83回大会／07年）に見せた1区の走りは凄まじく、5㎞を14分06秒、10㎞を28分18秒で通過。終盤は太腿裏にケイレンを起こしながら、ハーフマラソンの日本記録（当時）を上回るハイペースで突っ走り、後続に4分01秒という大差をつけた。1時間01分06秒というタイムは第98回大会（22年）で中央大学・吉居大和に破られるまで、15年間も区間記録として君臨した。

駒澤大学のエースとして活躍した田澤廉（現・トヨタ自動車）は同学年である東京国際大学のイェゴン・ヴィンセント（現・Ｈｏｎｄａ）をライバル視していた。ヴィンセントは1年時（第96回大会／20年）に3区（59分25秒）、2年時に2区（1

時間05分49秒）、4年時に4区（1時間00分00秒）で区間新記録を樹立。田澤は直接対決でヴィンセントに勝つことはできなかったが、3年時12月の日本体育大学長距離競技会1万mで初めて先着する。そして日本人学生最高記録&日本歴代2位となる27分23秒44をマークした。強力なケニア人留学生がいるからこそ、日本人トップクラスが成長しているのだ。

ヴィンセントは「最強留学生」と呼ばれたが、今季はさらに強力なケニア人留学生が現れた。東京国際大学に入学したリチャード・エティーリだ。4月に1万mで27分06秒88の日本学生記録を樹立すると、5月4日のゴールデンゲームズ5000mで13分00秒17をマーク。先輩・ヴィンセントが保持していた日本学生記録（13分15秒15）を一気に15秒も更新したのだ。2種目ともに日本記録（13分08秒40／27分18秒75）を大きく上回っている。一緒に入学したアモス・ベットも強く、6月の全日本大学駅伝関東学連推薦校選考会（1万m）の最終4組を27分59秒45で走破して、全体トップを飾っている。彼らに本格挑戦できる日本人選手が出てくれば、学生長距離界のレベルはさらに上がっていくだろう。

現在、ケニア人留学生を擁する関東の大学は20校近くある。彼らが日本人選手にとって良き練習パートナーとなることで、チームのレベルも上がっていく。また留学生のいない大学がチームとして勝負していくには、全体のレベルアップが必要不可欠。ケニア人留学生の存在がトップラインだけでなく、ボトムラインの引き上げにも役立っているといえるだろう。

厚底カーボンシューズが速い理由

近年の高速化でいえば、2017年にナイキが発売したカーボンプレート搭載の厚底シューズ（以下、厚底カーボンシューズ）の存在が大きい。

男子マラソンでは2018年2月の東京で設楽悠太が日本記録を16年ぶりに更新する2時間06分11秒をマークすると、同年10月のシカゴで大迫傑が2時間05分50秒までタイムを短縮。大迫は2020年3月の東京で2時間05分29秒とさらに記録を伸ばした。現在の日本記録は2021年2月のびわ湖で鈴木健吾が打ち立てた2時間04分56秒になる。これらの記録はすべてナイキの厚底カーボンシューズがもたらしたものだ。

大迫らの活躍もあり、学生ランナーの間でもナイキ人気は高まっていく。箱根駅伝におけるナイキのシューズシェア率は、厚底カーボンシューズが発売される直前の第93回大会（17年）は17・1％だった。それが第94回大会は27・6％、第95回大会は41・3％、第96回大会は84・3％。そして第97回大会（21年）では出場210人中201人がナイキを着用して、シェア率は95・7％に到達した。

多くのランナーがナイキを選ぶ理由は明確で、とにかく「速い」のだ。個人差はあるものの、従来のシューズと比較して、履くだけで1㎞あたり2～3秒も違ってくる。厚底カーボンシューズ登場直前の第93回大会（17年）までと、現在の区間記録を比べると、違いを理解できるだろう。以下が、そのタイムだ。

1区1時間01分06秒（佐藤悠基／07年）→1時間00分40秒（吉居大和／22年）
2区1時間06分04秒（M・J・モグス／09年）→1時間05分49秒（Y・ヴィンセント／21年）

3区1時間01分38秒（O・コスマス／12年）→59分25秒（Y・ヴィンセント／20年）
6区58分01秒（秋山清仁／17年）→57分17秒（館澤亨次／20年）
7区1時間02分32秒（設楽悠太／12年）→1時間01分40秒（阿部弘輝／20年）
8区1時間04分05秒（古田哲弘／97年）→1時間03分49秒（小松陽平／19年）
9区1時間08分01秒（篠藤淳／08年）→1時間07分15秒（中村唯翔／22年）
10区1時間08分59秒（松瀬元太／07年）→1時間07分50秒（中倉啓敦／22年）
※4区と5区は第93回大会から距離変更しているため省略。

現在の区間記録は4区のイェゴン・ヴィンセント以外はすべてナイキを履いた選手が出したものになる（ヴィンセントは1・2年時にナイキ、3・4年時はアディダスで出走）。厚底カーボンシューズが登場して、箱根駅伝の距離でいえば、40〜70秒ほど速くなっている印象だ。

ナイキ〝一強〟の時代を迎えたが、数年前から他社もカーボンなどの硬質プレートを搭載した厚底モデルを続々投入。ランニングシューズ全体のレベルが高まった。

トップ選手のほとんどが厚底カーボンシューズを履く時代になり、それが記録となって表れている。

厚底カーボンシューズ登場前の２０１６年と２０２２年の男子マラソンのタイムを比べるとよく理解できるだろう。２０１６年はサブテン（2時間10分切り）がわずか５人だったが、２０２２年は54人にまで膨れ上がっているのだ。各リスト（記録ランキング）のタイムは以下の通りになる。

男子マラソンの日本リスト　２０１６年→２０２２年
10位　２時間11分34秒→２時間07分55秒（３分39秒ＵＰ）
20位　２時間12分24秒→２時間08分29秒（３分55秒ＵＰ）
30位　２時間13分35秒→２時間08分48秒（４分47秒ＵＰ）
40位　２時間14分27秒→２時間09分18秒（５分09秒ＵＰ）
50位　２時間15分09秒→２時間09分45秒（５分24秒ＵＰ）

記録の差は歴然だ。これは世界も同じ。男子マラソンの世界リストは２０１６年の50位が２時間08分11秒、同１００位が２時間09分28秒。それが２０２２年の世界リストでは50位が２時間06分08秒、同１００位が２時間07分14秒と２分以上も短縮している。サブテン（２時間10分切り）の人数でいうと１１２人から２９７人に増えている。

計算の速い読者なら気づいたかもしれないが、日本と世界ではタイムの短縮率が異なっている。日本のトップレベルの場合、３〜５分も短縮しているのだ。これには主にふたつの理由があると考えられる。

ひとつはシューズの選択だ。日本人はスポーツメーカーと強い縛りのある契約を結んでいる選手が少なく、自分にフィットするシューズを選びやすい環境にある。一方、海外の選手は実業団という受け皿がほとんど存在しないこともあり、スポーツメーカーとの契約が金銭面でのサポート上大きい（あとは大会の出場料と賞金）。そのため契約メーカー以外のシューズは基本、履くことができない。日本人選手と比べて、シューズとのマッチングが良くない可能性があるのだ。

もうひとつは走り方にある。筑波大学体育専門学群の榎本靖士准教授（筑波大学陸上競技部監督）によると、2011年のベルリンで2時間03分38秒の男子マラソン世界記録（当時）を樹立したパトリック・マカウ（ケニア）の走りを分析した結果、「着地時の足の横ブレが非常に少なかった」という。そのため、「ケニア人選手より日本人選手の方が厚底カーボンシューズの恩恵を受けているのかなと思います」と推測している。

そもそも厚底カーボンシューズはなぜ速いのか。現在は多くのメーカーが販売しているが、マラソンの景色を変えたナイキのモデルで説明してみたい。

基本的な構造は反発力のあるカーボンプレートを軽くて柔らかく、エネルギーリターンの高い独自素材のフォームにしてソールに挟んでいる。重心を前へ傾けることで、カーボンプレートが屈曲するので、カーボンプレートが元のかたちに戻るときに、グンッと前に進む。そのため緩やかな下り坂を進んでいるような感覚で走ることができる。

また薄底モデルよりもドロップ（爪先部分と踵部分の厚さの差）が大きくなるため、

前方への体重移動が滑らかになり、ブレーキがかかりにくい。着地時の横ブレが少なくなり、スムーズに前へ進むことができる。

これらの要因から厚底カーボンシューズを履くことで、ストライドが拡張。それがピッチの減少につながり、後半のペースダウンも小さくなる（厚底のクッション性が着地時の衝撃を軽減させる役割もある）。その結果、速く走ることができるのだ。

ただし個人差が大きく、ある大学の調査では1㎞あたり5秒も速くなった選手がいる一方で、ほとんど変化のない選手もいたという。また厚底カーボンシューズの値段は従来の薄底レースシューズ（1万5千円前後）と比べて高額。3万円近くもするため、大学の強化費から購入しているチームもある。

速すぎる厚底カーボンシューズの弊害

従来のレースシューズと比べてソールが3倍ほど厚いカーボンプレート搭載シューズは、世界のマラソンシーンを劇的に変えるほどに速い。厚底カーボンシューズが〝世界基準〟になった一方で、予期しなかったトラブルに見舞われている。

もともとは着地時のダメージから脚を守り、終盤にペースを落とさないために開発されたモデルだったが、大腿骨や仙骨の疲労骨折など股関節周りのケガが続出。これは薄底シューズ時代（膝から下の故障が中心だった）にはほとんどなかったものだ。

一体、何が起きているのか。

着地時にカーボンプレートをしならせることで、プレートが元のかたちに戻るときに、反発力が生まれる。それがスピードにつながっているわけだが、レース終盤は疲労からカーボンプレートをしならせるのが難しくなる。そうなると体重を前にかけて、無理にカーボンプレートを曲げようとするため、股関節周りの負荷が高まり、前述したようなケガにつながってしまうのだ。

２０２１年秋の取材でA監督は、「あの靴に頼り切ってしまっているところがあるので、多くの選手がポイント練習で厚底カーボンシューズを使いたがるんですよ。練習の質を上げているので、あのシューズでないとついていけないという状況にもなっています。それが故障者続出の理由じゃないでしょうか」と分析していた。

またB監督も〝魔法のシューズ〟を「諸刃の剣」と表現している。

「厚底カーボンシューズが出てきてタイムはものすごく伸びましたし、選手も自信をつけています。ただ、あのシューズを頻繁に履いていると、股関節周りや仙腸関節周りのケガ（疲労骨折など）が増えるように感じています。そのため厚底カーボンシューズの使用方法を考えるようになりました」

B監督のチームは比較的早くから厚底カーボンシューズを活用していることもあり、他の大学よりも一歩進んでいる。

「練習内容によって厚底カーボンシューズを履いていいものと、履かないものに分けています。楽に進むシューズですので、走るために必要な筋肉が落ちてしまう危険もあると考えています。1年ほど前からは、股関節周りや仙腸関節周りを強化するようなトレーニングを入れるようになり、その箇所の故障は減りました。便利なものは何でもそうですけど、人間の使い方次第なんじゃないかなと思いますね」

早稲田大学は昨年の夏合宿で厚底カーボンシューズの使用を禁止。脚を鍛えることをコンセプトに強化して、学生駅伝で結果を残した。

男子マラソンの世界記録保持者でオリンピックを連覇中のエリウド・キプチョゲ

（ケニア）は標高2100mのエルドレットでトレーニングを積んでおり、アスファルトの練習は月に1回程度。路面が硬いところではほとんど走らないという。もっとも走る時期でも走行距離は1週間で200〜250㎞だ。週に2回は室内で約2時間のワークアウトもこなす。スピード練習は厚底カーボンシューズを使用しているが、他の練習は別のモデルを3種類ほど使い分けているという。

日本人選手も〝史上最強ランナー〟と同じように練習では厚底カーボンシューズに頼らず、ゴールまでシューズの性能を発揮できるようなフィジカルトレーニングを取り入れるようになっている。

シューズの影響で箱根ランナーの走りは変化している

最近の選手を見て、「走り」が大きく変化していると感じている。昔は踵部分から着地する「ヒールストライク」が主流だったが、最近は足裏全体で着地する「フラット走法」や、前足部から着地する「フォアフット」で走る選手が多くなっているのだ。

日本人は骨盤が後傾している人が多く、踵から着地するヒールストライクが自然な走り方といえる。そのためアシックス、ミズノという国内スポーツメーカーは日本人にフィットするようにシューズを設計してきた部分があった。筆者が学生時代、フォアフットで走る選手は非常に少なかったと記憶している。

しかし、近年はランニングに関する多彩な情報が簡単に入手できるようになり、アフリカ勢に多いフォアフット走法を意図的に取り入れている選手が増加。プラスして、厚底カーボンシューズの影響も大きい。

というのも最初に厚底カーボンシューズを出したナイキは男子マラソンの世界記録保持者であるエリウド・キプチョゲらの意見を参考にして、初期のモデルを完成させたからだ。筆者はキプチョゲが「ブレイキング2」という非公認レースで2時間切りに挑んだ際に着用していたナイキのシューズを見たことがあるが、前足部に比べて踵部分がきれいだったことに驚かされた。ほとんど踵をつかずに走っているのだ。

ナイキの初期モデルはフォアフット用の選手に作られたシューズだといってもい

いだろう。日本長距離界で最もインパクトのある活躍を見せている大迫傑ですら、厚底カーボンシューズが「最初は慣れなかった」ようで、履きこなすのに少し時間がかかったという。大迫を指導するピート・ジュリアンも「従来のシューズと履いた感覚が違いますし、爪先に重心をかけるような走りになります。スグルも慎重に（走りを）変えていくように心がけてきていました」と話していたほどだ。

トラック種目からマラソンに移行するとき、トレーニングの質と量が変わっていく。シンプルにいうと、走るペースが遅くなる一方で、走る距離が長くなるのだ。そうなると接地時間が長いヒールストライクの方がフィットする。マラソンに挑む選手のなかには、踵着地を意識した走りに変えた選手もいたが、大迫はフォアフット走法のまま42kmをスピーディーに駆け抜けた。

なお前足部から着地するフォアフット走法は、着地時にかかる衝撃を分散し、脚への負担を軽減。接地時間が短くなるため、反発力は大きくなる。スピードが出やすく、非常に効率の良い走り方だ。一方で、日本人の場合は対応が簡単ではない。ふくらはぎやアキレス腱に大きな負担がかかる場合もある。

フォアフットは骨盤が後傾している日本人には不向きな走り方だが、ナイキの厚底カーボンシューズのなかには前足部に「エア」が搭載されたモデル（エアズームアルファフライなど）もあり、より前足部のインパクトが必要になってくる。厚底カーボンシューズの性能を生かすために、日本人ランナーも自然とフォアフットに近い走りになっているようだ。それがスピード化の要因のひとつになっているかもしれない。

高気圧酸素ルームと低圧低酸素ルームを活用

厚底カーボンシューズが主流となり、選手たちの走りも変容。長距離界は高速化が顕著になっているが、トレーニングも進化している。近年、一般的になりつつあるのが、高気圧酸素ルームと低圧低酸素ルームだ。

高気圧酸素ルームは２００２年ＦＩＦＡワールドカップで、大会直前に骨折したデビッド・ベッカム（イングランド）が驚異的な早さで回復したとき、一躍注目された「酸素カプセル」の大型版だ。以前から寮内に酸素カプセルを置いてある大学はあったが、高気圧酸素ルームに切り替えている大学が増えている。

では、どんな目的で取り入れているのか。ルーム内の気圧を上昇させた状態で一定時間過ごすと、通常の呼吸で得られるよりも多くの酸素を体内に取り込むことができる。その結果、血液がサラサラになり、血液中の酸素が増加。末梢での血流が増えて、毛細血管が拡張する。疲労回復だけでなく、治療からの早期回復が期待できるのだ。

東洋大学や創価大学の寮に設置されている規模の高気圧酸素ルームは座るだけなら5〜6人が使用可能。2人が横になれる広さがあり、ストレッチやアイシングなどのケアはもちろん、寝泊まりもできる。

「リカバリー」が主な目的になる高気圧酸素ルームに対して、低圧低酸素ルームは「高地トレーニング」の意味合いが強い。

実業団チームは中国の昆明、米国のボルダーやフラッグスタッフ、最近はケニア・イテンでも「高地合宿」を行っている。しかし、高地合宿は身体へのダメージが小さくない。なかには体調を崩す選手もいて、トレーニング成果は個人差が大きく、大人数を高地に連れていくには手間とお金もかかる。

女子マラソンの高橋尚子はシドニー五輪の前に標高2600mの場所を拠点にして、そこから3500mを超える場所でトレーニングをして金メダルを獲得した。しかし、近年は逆の発想となる「Living High、Training Low」（高地で生活、低地でトレーニング）という考え方が主流になっている。例えば、生活するのは標高2500mの高地で、トレーニングのときは標高1250mの準高地まで下りて行うというものだ。

2010年代には東海大学、東洋大学、城西大学などが「低酸素テント」を活用。夜間の睡眠時に標高3000m級の環境で過ごすことで、赤血球とヘモグロビンの増加、最大酸素摂取量の向上など高地順応効果を得るような工夫を取り入れていた。

そして最近増えているのが、東洋大学、創価大学などが寮内に設置しているボックス型の低圧低酸素ルームだ。創価大学の場合は、ルーム内に自走式のトレッドミルとエアロバイクが2台ずつ置いてある。故障中でも心肺への負荷を落とすことなく、追い込むようなトレーニングができるのだ。

城西大学はトレッドミルを10台置けるほどの広さを持つ「低酸素ルーム」を完備。夏の暑い時期にも快適な空間で、高強度のトレーニングができるという。男子3000m障害で東京五輪に出場したOBの山口浩勢も城西大学にある低酸素ルームを活用して世界へ飛び立った。

また東海大学、順天堂大学、帝京大学という医学部を持つ大学にはさらに本格的な施設もある。いずれにしても高酸素と低酸素をうまく使い分けて、より効率的なトレーニングを行う大学が増えたことも箱根駅伝の高速化につながっているといえるだろう。

指導者・選手のマインドチェンジがスピード化を生み出している

駒澤大学に8度目の箱根Vをもたらし、悲願の「駅伝3冠」を手にした大八木弘明監督（現・総監督）に1月末、箱根駅伝が今後どうなるのか尋ねると、こんな答えが返ってきた。

「靴も進化していますし、もうスピード駅伝になってくると思いますね。タイムはどんどん上がっています。２０２２年度は出雲と全日本で大会新記録が出ましたけど、とてつもなくタイムは上がっていくかなと思います。箱根でいえば、10時間45分ぐらいは当たり前になってくる可能性がある。第98回大会（22年）で青山学院大学が出した10時間43分は、凄い記録だと当時は感じましたけど、そのあたりはすぐに出せるような状況になってくるんじゃないでしょうか」

この章で述べてきたように、様々な要因で箱根駅伝は高速化している。特に厚底カーボンシューズが登場して、その状況は顕著になった。そして指導者・選手の〝メンタル〟も一変している。

まずはポイント練習の設定タイムだ。中央学院大学は第97回大会の予選会で敗退後、スピード練習では1㎞あたり3秒近くも設定タイムを上げたように、ほとんどの大学が高速化に向けて対策を練っている。

筆者が驚かされたのは、第99回大会（23年）で2位に浮上した中央大学だ。今年の関東インカレ1部ハーフマラソンで日本人トップに輝いた主将・湯浅仁（4年）が、「設定タイムは昨季よりも上がっています。４００mで2〜3秒ですね」と話していたからだ。

大八木が口にしていたように箱根駅伝は「10時間45分前後」の戦いになるどころか、さらなるタイムアップの予感が漂っている。

中央大学といえば、第99回大会の2区で爆走した吉居大和も以前のエースたちとトレーニングのアプローチが異なっていた。花の2区は最長の23・1kmで終盤の3kmには〝戸塚の壁〟と呼ばれるほどの急坂が待ち構えている。そのため、これまで快走してきた選手たちはスタミナ面に重きを置いて取り組んできたが、吉居は持ち味のスピードで突っ走った印象があるのだ。吉居の2区に向けたトレーニングについて、藤原正和駅伝監督はこう説明する。

「昨年はトラックシーズンがうまくいかず、出雲と全日本も直前に合わせたかたちでした。それでも12月の集中練習はしっかりできたんです。2区に向けては、学内にあるちょっと特殊なトレッドミルを使って上りの練習をさせた程度です。パワーというよりはリズムで上っていくかたちになるので、その練習を3回ぐらいやって、ロードで実際にやってみた感じですかね。本人は最初の5kmを13分55秒、次の5km

を14分00秒で行き、そこからは多少落ちて14分半ぐらいでカバーして、もう一度14分10秒ぐらいまで上げるようなレースをイメージしていたみたいです。それぐらいだったら十分にいけるだろうと私も思っていたので、設定タイムは1時間06分30秒にしました」

吉居は3・2kmでトップに立つと、10kmを28分00秒で通過。その後はペースを落とすも、青山学院大学・近藤幸太郎（現・SGホールディングス）の背後について立て直す。最後は強烈スパートで2区を制圧。区間歴代8位の1時間06分22秒で区間賞を獲得した。

吉居は12月の走行距離が700kmほどだったという。2区を走る選手としては多くないが、持ち味のスピードで押し切った。中央大学は3区中野翔太も脚の違和感で、11月は走行距離が300kmほどだった。12月も550kmほどしか走っていない。それでも区間歴代13位の好タイムで区間賞に輝いた。

厚底カーボンシューズの登場で箱根駅伝の〝常識〟は激変した。箱根駅伝に向けたトレーニングもまだまだ進化するだろう。

第4章　箱根駅伝は誰のものなのか

「連合チーム」問題で露呈した関東学連の密室政治

箱根駅伝は関東学生陸上競技連盟(以下、関東学連)が主催(読売新聞社が共催)しており、「学生主体」で発展してきた。しかし、正月に開催される学生駅伝の注目度が高まるにつれて、古き良き時代は消えつつある。いつしか〝大人〟たちが箱根駅伝を牛耳るようになったのだ。

箱根駅伝は来年2024年に第100回大会を迎えることになる。記念大会ということで、出場校は例年の「20」から「23」に拡大。10月14日に行われた予選会は全国の大学に門戸が開かれた。

一方で第100回大会には選抜チームである「関東学生連合」は結成されない。一部の学生や関係者の間から、関東学連のその発表までの過程について疑問の声が上がった。正式な手続きを行わず、関東学連が〝密室政治〟で決定を下して、正式発表に至ったからだ。

要は箱根駅伝の主役といえる現役学生ランナーの意見がほとんど届いていないの

だ。この騒動について、選抜チームで箱根駅伝に２度出場経験のあるプロランナー・川内優輝はヤフーコメントにエキスパートという立場で以下のコメントを書き込んでいる。

明確な議論の場が設けられずに学生連合チームが廃止されたのは今回が初めてではありません。10年前の90回記念大会でも当時の学連選抜チームが今回と同じような構図で廃止されました。10年前も東京大学を中心に学連選抜存続を望む学生達が関東学連の会議で議論を続けた結果、多数決で91回大会以降の復活が決まりました。しかし、順位ありの「学連選抜」チームはオープン参加の「学生連合」チームに名称や記録の扱いが変更されて、１校１人などチーム編成の方法も変更されました。ですので、この「学生連合チーム存廃問題」は直近数年に出てきた問題ではなく、10年以上前から続いている問題なのです。

これは箱根駅伝が誰のための大会なのか、よくわかるエピソードのように感じる。

これまでも「関東インカレポイント」（関東インカレの成績を予選会のタイムに換算する）を導入するなど、多数決では絶対に通らないであろう新ルールが承認されてきた。

青山学院大学・原晋監督も関東学生連合チームの廃止を決めた関東学連を「この構造こそ関東学連の闇」と自身のSNSで批判した。

「一般的な会社組織のように内部で出世争いするものではないのが、法人格を持たない互助会組織である関東学連。本来の姿は役員は加盟校の持ち回り。この構造がかわらなければ、密室談合体質は変わらない。学生が輝く場になる事を期待する！」

関東学連は1919年（大正8年）に創立。日本陸上界では最古の連盟組織だ。学生主体だった組織は〝特定の権力者〟が強行で新ルールを決めるような組織に変貌したようだ。

箱根駅伝は誰のための大会なのか。この節目にしっかりと考えるべきだろう。

学生スポーツは無償でいいのか

１９８７年（昭和62年）から生中継を続けている日本テレビの『新春スポーツスペシャル箱根駅伝』は30％近い視聴率を誇っている。約11時間ものドラマは驚異的な視聴率を稼ぎだすコンテンツになった。大正時代から続く関東ローカルの大会だけに、爆発的な人気が出たとしても、主役の学生ランナーたちは基本、無報酬だ。

数年前、男子４００ｍハードルの世界選手権銅メダリストで五輪に３度出場した為末大氏がＳＮＳで、「まずは箱根駅伝の財務内容を明らかにしませんか」と投げかけ、「大学スポーツにしては高額な放映権の配分や、意思決定がどのように行われているかを陸上界の人間ですらわからないことが問題視されています」と発言したのが話題になった。

男子マラソンの元日本記録保持者で、東京五輪６位入賞の大迫傑も為末氏の投稿を引用した上で「僕が学生の当時も箱根によって何かリターンを得たという感覚は一切無かった。箱根の利益はいずこに」とツイートしている。

箱根駅伝を走ることができるのは、各校10人。通常大会は21チーム（20校＋関東学生連合）が出場するので210人の学生ランナーが正月の舞台を駆け抜けることになる。彼らに支払われる〝出演料〟はなく、テレビ取材の謝礼なども原則発生しない。

しかし、大会主催者側（関東学連）からは、出場チームに〝強化費〟として、200万円が支給されている。そのことを知っている選手は多くない。

テレビ番組の「箱根駅伝」は、朝7時から14時過ぎまで放送しており、2日間で14時間以上の尺を持っている。解説者やゲストがいるとはいえ、多くのタレントが勢ぞろいする正月の特番を考えると、番組制作費は格安といえるだろう。それでいて視聴率はすこぶる高く、日本テレビとしては〝ドル箱〟だ。

そのためか、日本テレビは関東学連や出場校の監督にはかなり気を遣っているようだ。コロナ禍前は関東学連の学生スタッフに食事を提供。慰労会ではビンゴ大会などを行い、景品を渡したりしていた。

日本テレビとしては視聴率が大切になる。そのため、過剰な演出手法がとられることもあり、監督会議では日本テレビの中継に対してクレームが出ることも少なくない。ある監督は、「少しのアクシデントでも大げさに報道され、ときには悲劇のヒーローになってしまう。テレビ的にはいいのかもしれませんが、指導者としては非常に困るんです。その子の将来にも影響するので、もう少し控えてほしい、という話はするんですけど、なかなか改善されないですね」と漏らしていた。

なお日本テレビは特別後援で、箱根駅伝の共催は読売新聞社、後援は報知新聞社。広告代理店は読売広告社と、その親会社の博報堂ＤＹメディアパートナーズだ。主催は関東学連だが、実際は読売グループが仕切っているといってもいいだろう。

なお「箱根駅伝」は読売新聞東京本社が登録商標しているため、グッズ販売の売り上げの一部をロイヤリティーとして受け取る権利を持っている。選手がどんなに頑張ったところで、直接的な金銭面のメリットはないが、大会が盛り上がれば盛り上がるほど、読売グループには明確なリターン（利益）がある。では、箱根駅伝の収益はどうなっているのだろうか。

「お金」の問題——収益は一体どこに⁉

箱根駅伝は関東学連が主催・運営するが、任意団体のため、資金や財務の情報は一切公開されていない。そのため、集まった資金がどこにどのように配分されるのか、SNSを中心に不透明さが指摘されてきた。

筆者が関係者に取材したところ、正確な額はわからなかったものの、日本テレビが関東学連に支払う放映権料は複数年契約で数十億円になるようだ。

特別協賛のサッポロホールディングスはテレビ中継が始まった頃（当時はサッポロビール）からの筆頭スポンサーで、2024年開催の第100回大会で38年連続。スポンサー料は1回で8億円とも10億円ともいわれている。協賛はミズノ、トヨタ自動車、セコム、敷島製パンと業界大手が並ぶ。ほかにもNTTドコモなどがスポンサーとして名を連ねている。イメージ抜群の箱根駅伝は各企業にとって広告価値が非常に高い。各スポンサーの広告効果は、60億円相当といわれているほどだ。

なおテレビCMだけでなく、トヨタ自動車は運営車両を提供しドライバーを派遣。

セコムは警備を担当して、ミズノは関連グッズを販売している。

読売グループが巨大な利益を得ているはずだが、主催する関東学連はというと、実はそれほど潤ってはいないようだ。「視察」という名のもと世界選手権の観戦ツアーを組むなど、選手たちが知ったら「なぜ？」と感じるような支出もあるが、選手たちに還元している部分も少なくない。学生トップクラス選手の海外遠征や、国内レースでも一定タイムを切った場合、その費用（交通宿泊費）を補助しているのだ。例年11月下旬に開催している関東学連1万m記録挑戦競技会は昨年度の場合、日本選手権申込資格記録（28分16秒）の突破者、指定タイム突破者（29分00秒、29分20秒）には奨学金を授与している。また全日本大学駅伝の出場校にも強化費が支給されている。

支出のなかで一番大きいのが箱根駅伝の運営管理費だ。２１７・１㎞もの距離で行われるため、二十〜三十数m置きに走路員を配置するとすれば、往路だけで四〜五千近い人員が必要になる。加えて、スタートとゴール、各中継所はさらに警備を強化しないといけない。２０１３年のボストンマラソンで爆発事件が勃発したこともあり、国内レースもセキュリティーを強化しており、その費用がかさんでいるのだ。

警視庁と神奈川県警合わせて約2000人の警察官に加えて、警備会社（セコム）のスタッフを全国から400人ほど動員。ほかにも約1800人の学生補助員、それから東京陸協、神奈川陸協の審判員約2000人も箱根駅伝を支えている。

学生補助員には交通費と食事代が支給されている。もちろん警備員と審判員には報酬も必要だ。他にも中継所付近の商店に関東学連のスタッフが手土産を持参して挨拶まわりをするなど、これだけのイベントを実施するにはお金だけでなく、手間がかかっている。

関東学連のある関係者は、「放映権は確かに莫大ですけど、大会運営費も莫大なんです。実際には放映権分を全部使っているような状況なんですよ。箱根駅伝グッズの収益が入ってくるので、それくらい分が黒字という感じです」と話している。

大学の格差問題——予算のある大学は年間2億円近い

日本陸上界のなかで「箱根駅伝」は異質な存在だ。熱狂的な人気と、巨大マネーを動かす一方で、他種目の選手からは妬まれている。長距離以外の種目でオリンピックに出場した元選手は「僕らはオリンピックに出てもさほど騒がれなかったですけど、長距離は箱根駅伝に出るだけで『凄い』と言われるんです」と苦笑いしていた。

箱根駅伝常連校のある監督も、「日本テレビのおかげで箱根駅伝が大きくなったのは間違いないんですけど、その弊害もあります。全国で一番になったわけでもないのに、関東ローカルの大会で少し活躍しただけで、マスコミが取り上げてくれるのでカン違いしている子がいるんですよ」と漏らしている。

関東インカレを取材していても長距離の熱狂ぶりを実感している。他の種目は世界大会に出場経験のある選手くらいしか取材は殺到しないが、長距離種目は入賞しなかった選手でも記者やカメラに囲まれるのだ。

同じ大学の陸上部員でも待遇は大きく異なる。強豪大学の場合、長距離はスポーツ推薦が毎年10〜15枠ほどあるが、他の種目は非常に少ない。長距離種目の場合、インターハイに出場するレベルでも〝争奪戦〟になるが、他の種目はインターハイで入賞してもスポーツ推薦で入学するのが簡単ではない。

近年は大学の〝格差〟も問題視されている。今年は早稲田大学競走部が駅伝強化プロジェクトのためのクラウドファンディングを実施して、2000万円以上の金額を集めたことがスポーツ界で注目を浴びた。

1914年に創部した早稲田大学競走部は箱根駅伝で13度の総合優勝。瀬古利彦、渡辺康幸、竹澤健介、大迫傑ら日本長距離界のスーパースターを輩出してきた。大迫が大学1年時の2010年度には「駅伝3冠」（出雲、全日本、箱根）に輝くも、その後は苦戦を強いられた。

輝かしい歴史を誇る名門だが、他の駅伝強豪校と比べると、決して〝恵まれた環境〟というわけではない。スポーツ推薦は長距離だけだと3枠ほどしかないのだ。そして今回のクラファンで〝資金不足〟も表面化したともいえるだろう。他の駅伝強豪校と比べてスポーツ推薦枠が極端に少ないだけでなく、授業料免除なども基本的にはない。花田勝彦駅伝監督も現役時代はいくつもの奨学金を利用して、学生生活を送っていた。

具体的な費用を話してくれる指導者はなかなかいないが、筆者が聞いた範囲では、年間の強化費（合宿や遠征費など）は数千万円というところが多い（免除した授業料、大学の設備費などは除く）。なかには２億円近い大学もあるようだ。強豪校は夏に10日ほどの合宿を３回、12月（箱根駅伝メンバーを中心に20人ほど）に１回、３月に１回、年間で50日ほどは合宿をしている。部員50人のチームが１人１泊８０００円（３食付）×50日、移動費をプラスすると、年間の合宿費だけで２０００万円近くかかる（部員個人がいくらか負担している大学もある）。チーム強化には多額なお金が必要なのだ。

大学の予算だけでなく、宗教系の大学では寄付金が多かったりもするし、あとは契約しているスポーツメーカーからサポートを受けている大学もある。これらのトータルが部の運営費となるわけで、指導者の〝力量〟だけでチームは強くならない。

それから箱根駅伝に出場中、もしくは狙える大学は学内に４００ｍのオールウェザートラックを持っており、寮内に高気圧酸素ルームと低圧低酸素ルームを完備しているチームもある。またケニア人留学生を入学させるのも費用がかかる。どこに予算をかけるかは各大学によって異なるが、強くなるために〝お金〟は欠かせない。

あるベテラン監督は、「十数年前までは、ある程度の分別があったんですけど、近年は予算のある上位校が有力選手を抱え込むようになり、どんどん格差が出てきているんです。5000m14分00秒前後の有力選手だけでなく、14分20秒前後の選手も獲得しているので、完全に二極化していますね。箱根駅伝は10人しか出場できないんですけど、他に行って強くなったら困るので、自分たちで囲って選手を飼い殺しするわけです」と困った顔をしていた。

大学のブランド力に差がある一方で、予算の格差も顕著になっている。現在の箱根駅伝は、「公正な競争」になっていない。それは問題視していくべきだろう。

月数十万円を受け取る選手たちがいる現実

箱根駅伝の人気が高まるにつれて、有力選手の場合は、「優勝を狙える大学」「世界を目指せる大学」「練習環境の良い大学」「ブランド力のある大学」「入学条件の良い大学」を吟味して、選ぶことができるようになってきた。その結果、近年は〝マネーゲーム〟がエスカレートする一方だ。

なかには授業料免除の選手を10人近くもスポーツ推薦枠で獲得している大学もある。高校トップクラスの選手になると、授業料免除は当たり前でプラスアルファが必要になってくる場合もある。具体的にいうと、寮費、食事代、合宿代を大学が負担。さらに返済不要の奨学金を用意しているチームもあるのだ。

ある強豪大学は特待生が4段階あり、Cは授業料・寮費免除、Bはプラスして月5万円の奨学金、Aは月に10万円、Sは月に15万円。高校時代の実績と期待度に応じて、選手への〝報酬〟が変わってくる。

別の大学では月に30万円という奨学金を手にしている選手もいる。筆者が知る限りの最高額で、それだけの奨学金を複数の大学が準備している。「令和4年賃金構造基本統計調査」によると、大卒の初任給は22万8500円。この額を優に超える金額を受け取る選手を「アマチュア選手」や「学生ランナー」と呼べるのだろうか。

この〝奨学金問題〟は今年3月にあった大学指導者の研修会でも話題になったとい

う。

ケニア人留学生も奨学金を受け取っているが、日本では慎ましい生活を送り、ケニアの実家に送金したり、帰国時に大量のお土産を持参する選手が大半だ。一方、日本人で多額の奨学金を受け取っている選手は、ブランド品に身を包むなど、散財する選手が多い印象だ。

筆者が大学時代、授業料免除はあっても、奨学金を出している大学は非常に少なかった。これも時代の流れだろう。しかし、箱根駅伝は「学生が仲間のためにタスキをつなぐ姿が美しい」と感じている人が多いはず。この現実を知ってしまうと、箱根駅伝を観る目が変わってくる可能性がある。そのせいか、読売新聞、スポーツ報知、日本テレビはこの問題に触れようとしない。これも大きな問題だ。

箱根駅伝に出場する選手は無報酬だが、学生ランナーを取り巻く環境では大きなお金が動いている。

選手のキャリアプランは非常に危うい

箱根駅伝が華やかすぎるため、実業団に進んだ選手たちは目標を見失ってしまう場合が少なくない。箱根駅伝が30％近い視聴率を叩き出す一方で、前日に行われるニューイヤー駅伝（全日本実業団対抗駅伝競走大会）は視聴率10％前後。オリンピックのマラソン代表選手にでもならない限り、学生時代ほど世間はチヤホヤしてくれない。せっかく実業団に進んでも、「箱根駅伝以上の目標を見つけられない」と早々にシューズを脱いでしまうランナーもいるほどだ。

また大学で〝特別待遇〟を受けてきた歪みが、その後のキャリアにも影響している。箱根駅伝で活躍するランナーは、高校・大学にスポーツ推薦で入り、大学卒業後は実業団に進むというのがオーソドックスなルートだ。一般的な学生が経験する「一般入試」「アルバイト」「就職活動」をまったく経験していない。

しかし、競技を引退した後に特別待遇は終わってしまう。企業で一般業務に専念するようになると、苦悩が多いようだ。ある大学の監督は、「競技を頑張ってきたとしても、人生のハードルを越えてきていないんです。1000円稼ぐのがどれだけ大変なのかわからない。高校、大学、企業に苦労なく入ってきているので、社会人になって挫折したときに、次の職がないんですよ」と話す。人生のキャリアプランで悩んでいる選手は少なくないようだ。

「選手は先のことをさほど考えていないですし、勧誘する実業団チームも競技引退後の具体的な説明をすることはほとんどありません。私は選手たちに『必ず引退後のセカンドキャリアを聞きなさい』と言っているんです。そっちの方が大事ですから。そうでないと使い捨てになりますよ。これまで多くの選手が実業団に進みましたが、競技を退いた後、その会社を去った者は少なくありません」（前出監督）

箱根駅伝でチヤホヤされた選手たちは、実業団に進むときも、破格の条件を提示される場合がある。「自分たちは特別なんだ」とカン違いしたまま、社会人になってしまう。

実業団チームに入社しても、一般業務は半日ほどで、あとは練習に集中できる企業が一般的だ。選手は合宿で職場を離れることも多いため、責任ある業務を任される機会は非常に少ない。競技を長年頑張れば、頑張るほど、同世代の社員との経験値は開いていくことになる。企業戦士としてのキャリアアップは非常に難しいといえるだろう。

最近は「契約選手」も増えてきた。一般業務は免除され、報酬は一般社員より高いが、契約が終了すれば、新たな所属先を探さないといけない。世界大会で大活躍するレベルなら、競技引退後、「指導者」のオファーがあるだろう。しかし、さほど目立った活躍ができなければ、新たな職を探す必要に迫られる。

箱根駅伝を目指して、努力した選手たちのキャリアプランはかなり危うい。

箱根駅伝は監督のためにあるのか

箱根駅伝は学生ランナーの〝夢〟でありながら、選手たちの人生を翻弄している。では、箱根駅伝は誰のためにあるのか。筆者の問いに、ある大学の監督（プロ監督ではなく、教員監督）はこう言い切った。

「学生のためではないでしょうね。私は関東学連とも思いません。箱根駅伝を共催している読売新聞や特別後援している日本テレビ。あとは自分の地位を守りたい、大学の監督のための駅伝だと感じています。読売新聞と日本テレビは広告収入を考えても収益があります。関東地区の指導者（監督、コーチ）は箱根駅伝によって生活が潤っていますから。そのせいか、指導者も選手と同じでカン違いしている者がいます」

現在、箱根駅伝を目指して本格強化している大学は40校以上あるだろう。25年ほど前はわずかな手当てでやっていたOB監督や教員監督が中心だったが、近年は陸上部の指導を専任とする〝プロ監督〟が増えている。箱根駅伝の注目度がここまで高くならなければ、現在のような状況にはならなかったはずだ。

監督の影響力という意味では、第96回大会（20年）で青山学院大学が2年ぶり5度目の総合優勝を飾った直後の記者会見で原晋監督が最初に発した言葉を思い出した。

「4連勝をさせていただいた頃は当たり前のことを当たり前のようにやった結果として優勝できました。特に感激が湧き上がることはなかったですけど、昨年敗れまして、原の活動を否定する者もなかにはいらっしゃったように聞いております。私は陸上界の発展のために、スポーツ団体に負けない組織作り、魅力作りのアイディアを各媒体などで発信しております。そのことを追求していくためにも、やはり勝たなければいけないという思いが私の心のなかにありました。それで1年間、ある意味、私のわがままを聞いてくれた学生たち、特に4年生に感謝したいと思います。本当にありがとう、そんな気持ちで一杯です」

筆者には原監督が自身の〝ブランド力〟をキープするために、「勝ちたかった」と聞こえてしまったのだ。「箱根駅伝は監督のためにある」と思われても仕方ないだろう。

原晋監督はテレビのバラエティ番組で自身の年収を「プロ野球監督ぐらい」とコメントしており、2〜3億円もの年収があるようだ。その内訳はというと、問い合わせだけで年間1000件は超えるという講演会（1回の報酬は100万円以上）が大きい。なお原監督は2019年度から大学教員になったため、青山学院大学からの給料は下がったようだ。

原監督ほどではないが、学生長距離界の指導者は〝報酬〟が良い場合が多い。筆者がこれまで取材で聞いた話では、プロ監督は年収1000万円前後が多く、なかには2000万円ほどの報酬が出ている指導者もいるようだ。プラスして成功報酬を受け取っている監督もいるという。一方、職員（教員）監督は、各大学に準じた給料となる（監督としての報酬は基本発生しない）。

プロ監督の方が報酬は高くなるが、結果がすべて。強豪大学のある監督は、「箱根は陸上界にとって悪ですよ」と本音を漏らしたことがある。それは「世界」につながらないという意味だ。大学としては、オリンピック選手を輩出するより、箱根駅伝に出場する方がPRになる。当然、指導者も箱根駅伝で活躍できるチーム作りを期待される。それが現在の箱根駅伝の構図。人気が高すぎるゆえの弊害だ。

大学陸上部の金銭関係はクリーンか

スポーツ界を取り巻く環境は変化している。NCAA（全米大学体育協会）は、選手たちが自身のパブリシティー権を使って収入を得ることを認めた。協会や大学が巨額の収益を得るのに選手に還元されないのはおかしい、という声が上がったからだ。箱根駅伝も変わっていく可能性がある。

現在、箱根駅伝に出場するチームの収入面でいうと、ユニフォームのサプライヤー契約が最も大きい。大手外資系企業の場合、年間で３０００〜５０００万円のサポートがあるという。一方で、国内メーカーとのサプライヤー契約はウェアだけの提供が中心であるケースが多い印象だ。

２０２１年からはユニフォームにスポンサーの広告ロゴを表示できるようになった。数百万円から１０００万円ほどが相場だが、他にも人気チームには各メーカーから広告絡みのオファーが舞い込んでくる。そういったお金は大学ではなく、陸上部との契約になるため納税義務はない。ただし、個人に支払われているギャラがあるとすれば、それは別問題だ（有名監督になれば個人会社を設立して税金対策をしている）。

昔のプロ野球選手ほどの規模ではないが、有力選手獲得のためには、高校の指導者に裏金が渡されるケースもあるようだ。その場合、他の大学は完全にブロックされるため、高校を通さず、直接、家族のもとに向かい、なおかつ金銭を渡しているスカウトもいると聞く。一部ではモラルが完全に崩壊しているようだ。

箱根駅伝で巨額なお金が動くことが明らかになっている以上、主催者である関東学連は財務内容を明らかにする必要があるのではないだろうか。それから各陸上部、指導者の税金問題は大丈夫なのか。箱根駅伝が美しいままでいるためには、お金の問題をスッキリさせなければいけない気がしてならない。

［インタビュー］

箱根駅伝の「稼ぎ方」をお教えします

小林至氏（経営学者、桜美林大学教授）

箱根駅伝は2日間、14時間以上にわたって全国中継され、30％近い平均視聴率を叩き出す。そのため、夏の甲子園（全国高校野球選手権）に匹敵するほどの日本最高峰の興行であるとも言われている。しかし、その価値に見合う〝活用〟がうまくなされていないばかりか、不明瞭な資金の流れや責任の所在など問題点も多い。国内外のスポーツビジネスに精通する小林至氏にこれからの箱根駅伝のあるべき姿について話を伺った。

――小林さんといえば、東京大学出身の元プロ野球選手として有名です。現役引退後は、様々な大学で教えられて、現在は桜美林大学の教授であり、経営者の立場でもあります。また一般社団法人大学スポーツ協会（ＵＮＩＶＡＳ）の理事を務められており、米国のスポーツ事情にも精通されています。日本版ＮＣＡＡと呼ばれるＵＮＩＶＡＳは２０１９年に発足しました。大学スポーツは変わりつつあるのでしょうか？

ＵＮＩＶＡＳを立ち上げた理由のひとつに、大学スポーツの収益化もありました。日本再興戦略２０１６で「スポーツで稼ぐ国へ」という経済政策が打ち出されました。２０１５年に５兆円ぐらいだった日本のスポーツマーケットを15兆円にしよう、と。そのなかで大学スポーツのコンテンツ化が重要施策だということになったんです。

――海外はどれぐらいスポーツで稼いでいるんでしょうか？

欧米ではスポーツが産業化されていて、特にアメリカは80兆円くらいの市場規模です。日本は今も10兆円に届いていません。ＵＮＩＶＡＳ立ち上げ当時、米国のＮＣＡＡ（全米大学体育協会）のような大学スポーツを横断的に統括している組織が日本にはありませんでした。設立の趣旨のひとつである、大学スポーツの商業化、産業化はまだまだ道半ばですが、プラットフォームができたことで大学スポーツの底上げに向けて様々な取り組みを行えるようになりました。試合の動画配信がそのひとつで、４０００近い試合をライブ配信しています。これまで、会場に行かなければ目にすることができなかった試合を、世界のどこにいても、実況付きで視聴できるようになったのは画期的なことだと、大変好評です。ただし、それがマネタイズできているかというと、まだそこまでいっていない状況です。

——ＵＮＩＶＡＳは女子マラソン界のレジェンドである有森裕子さんが副会長を務めていますが、陸上競技団体は未加盟です。どんな理由があると推測されますか？

ＵＮＩＶＡＳに加盟していない団体は、陸上だけでなく、メジャーな競技でいえば、サッカーと卓球も加盟していません。我々としては、人気スポーツには入ってもらいたいんです。野球は、一般的には唯我独尊のイメージがあるかもしれませんが、ＵＮＩＶＡＳには加盟してくれました。陸上でいえば、箱根駅伝を主催している関東学連は法人組織ではなくて、任意団体ですよね。法人化していないということは、外部から干渉されたくないんじゃないでしょうか。任意団体であれば、法人に必要な様々なルールに従う必要がありません。口座も個人名ですから、金銭管理も自分たちの好きなようにできる。

——ＮＣＡＡはアメフトとバスケが稼いでいるイメージです。

そうですね。稼いでいるのはアメフトとバスケだけで、他はすべて赤字と言ってもいいでしょう。アメフトとバスケで稼いだお金を分配している状況ですが、ＮＣＡＡはよくできたシステムなんですよ。ディビジョン１（上位約３６０校）にいるためには、14の運動部をＮＣＡＡルールに従って運用しないといけない。日本でいうと強化指定部のようなイメージに少し近いですが、違うのは、ＮＣＡＡルールは、奨学金やその数、リクルート、学業成績、活動費、活動時間など、６００近い細かい規則があって、面倒だし、カネもかかる。大学によっては、人気のあるアメフトとバスケは持ちたいが、あとの部活動については、あまり力を入れないで済ませたいと思っても、NCAAに加盟するからにはそうはいかないということですね。大学は、NCAAルールのもとで運用する運動部については、競技にかかるすべての費用（用具、遠征費など）を負担しないといけないんです。

――スポーツイベントとして箱根駅伝をどう感じていますか？

それはすごい魅力的ですよね。自宅でゴロゴロしていることが多い正月休みに、横で流れているものとして最高のコンテンツじゃないでしょうか。箱根を正月の風物詩に育て上げた、日本テレビと読売新聞の興行力はお見事というしかない。その前に、読売新聞はプロ野球の始祖でもあり、天才的な興行集団ですよ。歴史と伝統があって、箱根というネーミングもいい。アマチュアスポーツとしては夏の甲子園と並んで日本最高峰の興行だと思います。

――UNIVASの2022年度の経常収益は約11億円です。箱根駅伝の収益はどれくらいだと予想しますか？

私も全然わからないですけど、日本テレビが放映権料として10億円を出している、という報道は目にしますね。それを関東学連が運営に使っていることですか。いずれにしても、日本のアマチュアスポーツとしては破格の興行収入ということになるのでしょう。高校野球は放映権料が発生していませんが、興行収入は春夏の甲子園を合わせて10億円ほどですから。

――駅伝を強化している大学では授業料や寮費が免除されるだけでなく、奨学金（多い人で月に30万円）を出している大学もあります。この現状については、どのようにお考えですか？

箱根は視聴率30％の超優良コンテンツで、民間企業のビジネスでもあるのですから、その主役の選手が、お金をもらうのは大いに結構だと思います。ただ公平性を保つためにも、ルールは定めるべきだと思いますね。

――NCAAでは各ディビジョンでスポーツ奨学金生の枠数が決まっています。一方、箱根駅伝はすべての大学が同じステージのはずなのに大学によってスポーツ奨学生枠数がまちまちです。

NCAAはレベル・プレイング・フィールド（共通の土俵論）の考え方が根幹にあります。例えば、ディビジョン1の場合、男子のフルスカラーシップ（スポーツ奨学生）のリミットはアメフトが85人です。試合に出る人数が多いのと、どの大学にとってもアメフトの試合が稼ぎ頭だからそうなっています。バスケは13人、野球は12人が、フルスカラーシップの最大人数となります。フルスカラーシップというのは、授業料、生活費など、細かく規定されていて、これ以上の金額や金額換算できる恩典を出すと、NCAA規則に照らして、厳しい罰則が科されます。一方で、12人分の金額を24人で分けて使用する、ということは可能です。また、NCAAの大会への出場資格を持っている運動部は、競技に伴う道具や遠征費は大学側が負担しないといけないので、部員の数もおのずと制限されてくる。NCAA加盟の運動部は、招待制の少数精鋭が通常です。誰でも受け入れる日本の大学運動部とはだいぶ様相が違いますが、日本でも、駅伝のような、有望高校生の争奪戦が繰り広げられている競技では、各大学で出せる奨学金の数、金額などのルールを明確にしない限り、札束合戦になるのは自明のことです。アメリカで、奨学生の数や金額、リクルートにかかる費用まで、厳密に規定しているのは、札束合戦を防ぐためでもあるのです。

——NCAAでは学生アスリートが自身の肖像権を用いて個別にスポンサー契約などを結び金銭を受け取ることが解禁されました。

NIL（ネーム・イメージ・アンド・ライクネス）ですね。2021年7月から、自分の名前、画像、肖像を使用したエンドースメント契約やスポンサーシップ、ソーシャルメディアの収益、興行活動を学生が行えることになりました。最も稼いでいる選手はアメフトのスター選手で100万ドル（日本円で約1億4000万円以上）。2位は女子の体操選手。3位も女子の体操選手で、東京五輪の金メダリストです。

——UNIVASでもNILが解禁されていくことになるんでしょうか？

日本はまだルールがないんですよ。もともと、各競技連盟のマターなので、各連盟で事情も異なります。例えば野球の場合、学生野球憲章ではNILは明確に禁止されています。陸上はどうなんですか？

——関東学連の場合、「競技者の肖像等の権利は、原則、本連盟に帰属する」という規約があるので、メーカーと金銭を伴うような契約は大学卒業後に結んでいる感じですね。もし日本の大学でもNILが解禁されれば、箱根駅伝の人気選手にはどれぐらいの価値があるのでしょうか？

露出がどのくらいかでしょうね。陸上競技はユニフォームにメーカー以外の広告が一か所入れられるようになりましたね。箱根駅伝で優勝争いをするチームの場合、少なくとも7000万円の広告費になるという試算もあります。日本はユーチューブが世界で最も盛んな国ですから、それをお手本にしたスポンサー契約を個人で結んでも良いと思います。そのためには、権利を整理する必要があります。要するに肖像などの権利の帰属を明確にすることです。関東学連に帰属させるのか、テレビ局なのか、個人なのか。関東学連は任意団体なので、まずは法人格を取るところからでしょう。法人格の取得は、ガバナンスが求められる現代においては必須であるということで、UNIVASも強力に推進していることでもあるんですけど、任意団体でいることによって、超法規的な運用や、それに伴う利権も絡んでいるのかもしれません。そうした場合、当事者からすると、パンドラの箱を開けるのは避けたいでしょうね。

――箱根駅伝に出場する大学は関東学連から２００万円の強化費が出ています。それは少ないですよね。

それは少ないですね。学費、寮費、活動費を考えると、ひとり年間２００万円ではきかないと思いますから。授業料免除などを含めれば、箱根に出場するような大学は陸上部に年間２～３億円ぐらいは使っているんじゃないでしょうか。認知度が低い新興大学が箱根駅伝に出場しようとするなら、もっとかかるでしょう。例えば、早稲田大学から声がかかるような選手を、ブランド力がなく、箱根駅伝に出場できるかわからないレベルのチームが獲得するとしたらお金を出すしかありません。無尽蔵な獲得競争、それも表に出てこないおカネが多額に動く世界は、いずれ大きなスキャンダルなどに発展し、その競技を貶めることになりがちですから、ルールを定めて、それを守らせる。大学スポーツですから、そういうかたちが良いと思いますね。

――なかには箱根駅伝で区間賞を獲得したら10万円出す、という大学もあるようです。

そうなるとプロの考え方になってきますね。ＮＣＡＡの選手たちも自分の肖像権を活用して、いわばインフルエンサーとしてスポンサー料を得るのはOKなんですが、試合での成績への報酬は認められていません。NCAAと同じで、パフォーマンスにお金を払うのは禁止して、各自の肖像権を使って稼ぐ。あるいは大学として稼いで、それを学生に還元する。そういうところまでは解禁してあげてもいいんじゃないかなと思います。

――とはいえ、箱根駅伝は学生ランナーが無報酬で、自分の夢や仲間のために走っているところに心を打つものがあると思うんですよ。もし巨額なお金を稼いでいる選手がいると知ったら、視聴者が離れる可能性があります。そういうかたちは、関東学連や読売新聞は好まないと思いますし、世間がイメージしている箱根駅伝と現実が乖離していきますね。

そういう表と裏があるというのが問題だと思いますよ。知っている人は知っているわけで、いずれ明るみになりますよ。現実に即したルールを定めて、定めた以上は守らせるべきでしょう。米国はそのあたり、日本のように知っているのに知らないふりをして、バレたら白々しく報じるというのが少ないですから、自浄作用が働きますね。90年代のことですが、タイガー・ウッズがスタンフォード大学の学生だったときに、45歳ほども年が離れたアーノルド・パーマーと食事をしたときの件を思い出しました。パーマーは当然おごるじゃないですか。それがＮＣＡＡの規約に触れて大問題になったんです。ウッズは自分が食べた分ということで、数十ドルの小切手をパーマーに送ることで落ち着いたんですけど、記者会見もしました。これに対してアメリカのメディアと世論は、ＮＣＡＡの矛盾というか、建前主義のバカバカしさを批判したんです。コーチや学校は大儲けしているのに、学生はプロから食事をおごってもらっただけで罰せられるのかと。こうしたＮＣＡＡの矛盾が様々に取り上げられ、ＮＩＬの解禁につながっていくんですけど、日本の場合は、力のある組織が絡むと、本質的な問題に切り込むことなく、知る人ぞ知る世界が続いていきますね。

――箱根駅伝は読売新聞東京本社が登録商標をしています。それは小林さんが先ほどおっしゃっていた通り、読売グループの賢いところなんですね。

その通りだと思います。読売新聞は、利益を追求する民間企業でもあるわけで、現在の制度を保つのが一番、自社にとって良いのであれば、そうするのが当然でしょう。もしも今のカタチを変えたいのであれば、読売新聞でない、誰か別のヒトなり団体が声を上げるしかないでしょう。それは当事者である選手か、マスメディアということになるでしょう。

――ただ選手たちは4年間で卒業しちゃうので、なかなか難しいと思います。

それはNCAAの搾取構造が何十年も続いた理由と同じです。NCAAに加盟する運動部の部員になった時点で、選手の肖像権はNCAAに帰属されていました。では、なぜ変わったのか。OBが集団訴訟を起こしたんです。有名なオバノン裁判ですね。これを契機に、いろんな競技のスターたちが声を上げました。最終的には、最高裁でNCAAが敗訴することになるのですが、それには世論の後押しも大きかった。箱根駅伝出身者の大迫傑や川内優輝など、有名人が集団で声を上げれば変わるかもしれません。

――箱根駅伝は沿道警備などに巨額な経費がかかり、大きな利益があるわけではないようです。もっと「稼ぐ」ためにはどうしたらよいとお考えですか?

一番簡単なのは、放映権を「DAZN」や「Netflix」に売ることですよ。

要するに入札させればいいんです。そうすれば、マーケット価格になりますから。

――現在の放映権料も関東学連としては巨額なのかもしれませんけど、もっと高く売れる可能性があるってことですよね。

そうだと思いますよ。我々が生きている資本主義の社会は、市場にさらすことによって公平公正が保たれる。つまり、フェアな価格になるというのが原則的な考えです。現在の箱根駅伝は市場にさらされることのない世界ですから、放映権を市場に委ねてみれば、色々と変わるんじゃないでしょうか。要は日本テレビだけに売る必要はないわけですよ。ただ売り手である関東学連が、それをしたいかどうか。売り手と買い手でいえば、放映権を売る側は、本来、選手と選手が所属する団体であるべきなんですよ。つまり、学生と大学です。メディアは、それを放映する権利を買う側。日本は売る側と買う側がごっちゃになっていて、権利が整理されていないことが、スポーツビジネスが発展しない原因だと考えられています。昔、プロ野球映像の著作権はテレビ局が持っていました。パ・リーグは、２００４年の球界再編以降、それを取り返し、その後、パシフィックリーグマーケティングという共同運営会社を設立して映像を管理するようになり、ようやく権利ビジネスをできる状況になりました。日本女子プロゴルフ協会（JLPGA）も、テレビ局と激しい交渉の末に放映権を取り戻して、売り手としてのスタートを切りました。選手がいなければ、試合は成り立ちませんから、本気でやればできるのです。箱根駅伝もその気になれば、できますよ。

――仮にもっと収益が出た場合、それは何に使うべきでしょうか？

まずは大学に分配すればいいと思いますね。施設を整備し、指導者やスタッフを雇い、選手をスカウトして訓練する。すべての費用は大学が払っているわけですから。次に、普及でしょう。選手とファンを含めた支援者がいなければ競技は成り立ちませんからね。各地にある競技場の整備などに使っても良いでしょう。そういうことに使うんだったら、いくら稼いでも、文句を言うヒトはいませんよ。

――箱根駅伝は関東ローカルの大会です。全国に門戸を開いた方が良いのでしょうか？

箱根は、コンセプトとマーケティングの力でここまで大きくなったが、主催者は、法人格のない、関東の有志の集まりですから、どうなんでしょうね。陸上競技をより広範に普及するためなら、全国化するのが良いのかもしれませんが、関東学連は陸上競技を代表した団体というわけではない。伝統と歴史が売りの興行として考えるのであれば、もっと絞り込むなんて考えもあるかもしれません。例えば、東京六大学野球は、日本で最も人気のある大学野球リーグですが、レベルは東都大学野球の方が上といわれています。では、名実ともに日本最高峰の野球リーグとするために、加盟大学を増やして、２部制にした方が良いという考え方はあるでしょうが、加盟六大学の当該関係者でそう思うヒトは誰もいません。メンバーを変える、あるいは増やす議論は、今後も出ないでしょう。箱根は、伝統校に、関東のブランドと認知を高めたい新興大学が、資金力で迫るという、いまのままのカタチが良いと関係者が考えるならば、それはそのまま変わらないでしょう。読売グループの興行力で、国民的コンテンツになってしまったがゆえに、話が錯綜するんでしょうね。

国民的コンテンツになってしまった以上は、社会的使命がある、だから全国化して、もっと陸上競技の振興のために寄与すべし、あるいは大学スポーツの振興に寄与すべし、という考えも、わかりますが、加盟校からすると、競争が激化するともっとカネがかかるし、勘弁してくれ、と思っていることでしょう。UNIVASの理事として、大学スポーツの振興に関わっている立場からすれば、箱根には、組織や権利を整備して、大学スポーツの新たな可能性を切り拓くパイオニアになってほしいと期待する気持ちはありますよ。NCAAの目玉イベントに「March Madness」という男子バスケットボールトーナメントがあるんですけど、1500億円ぐらいを生み出すんですよ。放映権料だけで1000億円ぐらいあります。入札させて高く売っており、入場料もとびきり高く、ショーアップされた、プロの興行なのですが、それについて誰も文句は言わない。価値あるものに対価を払うのは当たり前だし、儲けたカネでNCAAが何をするのか明確にしているからです(NCAAは大会などで得た収入のうち、3000億円以上を毎年15万人の学生に奨学金として支給している)。オリンピックも「スポーツの普及」という大義名分がある。箱根駅伝にも、組織と権利と大義をはっきりさせて、もっと儲けて、大学スポーツの新たな可能性を切り拓いてほしいですね。

――例えば、地方活性化と、収益化を目標に、関東地区以外にも門戸を開いて、放映権を高く売って、そのお金を主役の学生に還元、普及にも使用するなど、より具体的な使い道を示せば、良いわけですね。

そういうことです。今は読売新聞と日本テレビの興行ですが、箱根駅伝は誰のための大会なのか。青山学院大学の原晋監督が、関東学生連合チームについて声を上げましたが、箱根駅伝は、ある種、日本を象徴していますよね。つまり、主語がない。誰がなんのためにやっているのかわからない。全国化の話もなぜ出てきて、どういう議論をして、なぜ１００回大会だけの限定になったのか。よくわからないんですよ。箱根駅伝は称賛もあれば、批判もある。でも誰がそれを受け取るのかもわからないですね。

――関東学連には読売グループの社員が出向して、なかに入って活動しています。結局は読売グループの意向が強いんじゃないでしょうか。

それはそうでしょうね。読売新聞にとっては虎の子のコンテンツですからね。では、読売新聞が動けば、ルールが変わるかというと、恐らくそうでもない。日本は、野球界もそうですけど、誰かが責任と権限を持ってものごとを動かすようになっていませんね。なんとなく歴史と伝統という空気のなかで物事が進んでいく。だから改善しようとしても、なかなか進まない。

――最後に、箱根駅伝の未来がどうなっていくと思われますか？　またどのような姿を期待したいですか？

期待感としては、先ほども言いましたが、放映権料を入札させてもらいたいですね。箱根駅伝には日本の大学スポーツ、ひいてはスポーツビジネスを変える力があります。日本最大のアマチュアスポーツイベントで、2日間、14時間くらいの番組で、30％近い平均視聴率を取るわけですから。日本のスポーツを産業化するための可能性が詰まっている。今の権利の問題にも注視してもらいたいです。

――もし「DAZN」や「Netflix」で放映されることになれば、放映権料が高騰するだけでなく、海外でも人気が出る可能性がありますね。

ありますす、あります。駅伝というスポーツが世界に広がり、国際大会に昇華する可能性もありますよ。興行化という意味では、各中継所でチケットを売ったらどうかと思いますね。

――花火大会などの有料席という考え方ですね。

まさにそうです。各中継所、２０００人に平均１万円で売るとすれば、10区間あるので２億円になりますね。いずれにしても市場にさらすことが一番いいんですよ。市場で取引されるようになるためには、組織や規則を整備しなければいけませんから。もしも改革をしたいということであれば、そこからでしょうね。

小林至（こばやし・いたる）　学校法人桜美林学園常務理事・桜美林大学健康福祉学群教授。１９６８年、神奈川県生まれ。博士（スポーツ科学）、ＭＢＡ。１９９１年、千葉ロッテマリーンズにドラフト８位指名で入団（史上３人目の東大卒プロ野球選手）。１９９４年から７年間米国在住、コロンビア大学でＭＢＡ取得。２００２〜２０２０年、江戸川大学助教授〜教授。２００５〜２０１４年、福岡ソフトバンクホークス取締役。現在は、立命館大学、サイバー大学で客員教授。大学スポーツ協会（ＵＮＩＶＡＳ）理事、世田谷区スポーツ推進審議会委員。『サクッとわかるビジネス教養　野球の経済学』（監修・新星出版社）など著書、論文多数。

第5章　箱根駅伝の近未来

視聴者の高齢化と「タイパ」を求める若者たち

凄まじい注目度を維持している箱根駅伝だが、弱点もある。それは視聴者が高齢化していることだ。広告代理店も危惧しているのか、20代向けの女性誌にタイアップページを企画するなどしてきたが、若者の視聴者はさほど定着していない。箱根駅伝をテレビでしっかり観たという学生ランナーも少しずつ減っている印象だ。

高校スポーツ界の花形である夏の甲子園（全国高校野球選手権）はすでに視聴率が大きく低下している。決勝戦でいうと、ＰＬ学園が初優勝した１９７８年に50・8％を記録するなど、１９８０年代前半までは40％を超えることは珍しくなかった。しかし、１９９０年代に入ると、20％を割り込むようになり、２０２２年は関東地区で12％台だった。

夏の甲子園も視聴者が高齢化しており、箱根駅伝と状況は似ている。甲子園の視聴率低下は箱根駅伝の未来の姿かもしれない。

若者の野球離れの理由には、試合時間の長さが指摘されている。近年の若者たちは短時間で効率の良さを求める「タイムパフォーマンス（タイパ）」を重視する傾向があるからだ。近年は映画やドラマを倍速で観ている若者も少なくないという。40代の筆者も全録レコーダー（放送されている全番組を数日間にわたり自動録画できる）つきのテレビに買い替えてからは、番組をリアルタイムでは観なくなった。録画ならCMや観たくないシーンを早送りできるからだ。無意識にタイパを求めているのかもしれない。

タイパ重視の傾向はアメリカでもあり、野球でいえばMLBは試合時間短縮を目的に、今季から「ピッチクロック」を導入した。これは主に投手が打者に投球するまでに使える時間を制限（ランナーがいない場合は15秒、ランナーがいる場合は20秒以内）するものだ。MLBは2022年シーズンの平均試合時間が3時間06分だったが、ピッチクロックを導入して、20〜30分の試合時間短縮に成功しているという。国内では社会人の都市対抗野球大会が取り入れており、NPB（日本野球機構）でも導入が検討されている。

陸上競技でも試合時間の短縮が新たな課題になっている。国内大会はまだまだ試合時間が長いが、世界最高峰のダイヤモンドリーグでは時間のかかる長距離レース（主に1万m）は敬遠されつつあるのだ。今夏のブダペスト世界選手権でも決勝種目が中心となるイブニングセッションは3時間ほどで終わるようにプログラムが組まれていた。

そういう意味では、箱根駅伝のような長丁場のレースは時代に反しているといえるかもしれない。日本テレビがライブ中継している『新春スポーツスペシャル箱根駅伝』は往路が7時50分〜14時05分、復路が7時50分〜14時18分というのが近年の放送スケジュール。往路・復路とも50分の事前番組があるので、2日間のトータルで14時間半近い超ロング番組となる。

箱根駅伝がいくら高速化しているとはいえ、優勝タイム（現在の大会記録は10時間43分42秒）が10時間を切るのは、数十年以上も先の未来になる。タイパを求める世代がもっと増えていくと、箱根駅伝の人気も危ういかもしれない。

ほぼすべての出場校に留学生がいる時代が到来する

第3章で書いたようにケニア人留学生の増加が箱根駅伝の高速化に拍車をかけているが、近い将来、箱根駅伝の出場校ほぼすべてに留学生が在籍する時代がやってくるだろう。

第99回大会では出場した20校のうち7校にケニア人留学生がいたが、同予選会ではエントリーした43校のうち15校が外国人選手を登録していた。高校でも留学生が増加。昨年度（2022年）の高校ランキングを見ると、男子5000mはケニア人留学生が上位を占めており、100位以内に13人も入っているのだ。

1990年代まではケニア人留学生がいる大学は山梨学院大学＋数校しかなかった。当時はケニア人留学生を獲得するルートが限られており、予算もかなり必要だった。しかし、来日する選手が増えると、元選手が知り合いの選手を日本のチームに紹介したり、ケニアに短期滞在して独自ルートで勧誘するチームも出てきた。現在は様々なルートが存在しており、選手獲得の費用も下がっている。

そのなかで近年注目を浴びているのが、日本人の柳田主税さんが代表を務める「株式会社ChiMa Sports Promotion Japan」だ。東京国際大学で活躍したイェゴン・ヴィンセント（現・Ｈｏｎｄａ）、同大学に今年入学して、すでに５０００ｍと１万ｍで日本学生記録を樹立したリチャード・エティーリは柳田さんの会社が日本に斡旋したランナーになる。

ケニア人留学生を招集する場合、現地のエージェントが数人のランナーを選び、日本のチームに紹介。そのなかから採用するというケースが多い。ある大学は、エージェントに２人のケニア人選手を紹介され、１万ｍタイムトライアルを実施して決めたという話を聞いた。選ぶ側は意外と〝選択肢〟がない印象だ。

しかし、柳田さんは画期的ともいえるシステムを作り出した。次世代のアスリート育成のために、スポーツと教育を無償でサポートして、15〜18歳のキャンプ（長距離チーム）を運営しているのだ。一般的なキャンプはシニア選手がメインで、日本の高校や大学に選手を紹介するときに年齢的な問題が出てくる。その弱点をカバーしただけでなく、選手がケニアに帰省中も同キャンプが選手のコンディション維持に協力してくれるのだ。

キャンプにはセレクションを通過した15〜18歳の有能なランナーが40人ほどいて、

プラスして19歳以上の選手も20人ほど所属している。年に1～2回は入会セレクションがあるため、そのタイミングで留学生のスカウトに来る日本の学校もあるという。

留学生の場合は、ただ速いだけでなく、日本の学校生活に適応できるのか。大学でいえば、箱根駅伝を想定して20㎞以上の距離もしっかり走れるのか。そういう要素も大切になってくる。柳田さんのキャンプでは山梨学院大学や日本の実業団でも活躍したソロモン・ワチーラがコーチを務めており、彼が日本で成功できる資質があるかどうか判断することもあるという。

キャンプがある場所はリフトバレー州にあるニャフルルだ。標高は約2400m。都市部の人口は3万人ほどしかいないが、北京五輪の男子マラソンで金メダルを獲得したサムエル・ワンジルをはじめ、世界的にも著名なランナーを多く輩出している。そして現在、日本に来ているケニア人留学生の大半がニャフルル出身なのだ。

ケニアには42の民族が存在していると言われているが、世界の長距離界を席巻しているのがカレンジン族とキクユ族になる。男子マラソンの世界記録保持者であるエリウド・キプチョゲはカレンジン族で、「マラソンの聖地」になっているイテンにはカレンジン族が多い。一方、ニャフルルにはキクユ族が住んでいる。個人差はあるが、農耕民族であったキクユ族は狩猟民族であったカレンジン族よりも忍耐強いため、日本の学校生活にも適応しやすいという。また創価大学は独自ルートを開発。ケニアの五大部族のひとつであるカンバ族の選手を獲得している。

ケニア人にとって「走る」ことは、貧困から抜け出す最大の手段だ。世界のメジャーレースで活躍できるようになると、ケニア人にとっては夢のような大金が転がり込んでくる。また日本の実業団に入ることができれば、安定したサラリーを受け取ることができる。長期間、実業団に所属した選手のなかには、その給料を元手にケニアで事業を展開している者もいる。しかし、ニャフルルに住む若者たちのマインドは近年変わりつつあるようだ。

「日本の実業団に行くのが一番いい目標ですけど、実業団のレベルが上がっていることを選手たちも知っているんですよ。結果が出なければ、クビになります。その状態でケニアに帰国しても、なかなか仕事がありません。それまでの生活に戻ってしまいます。でも日本の大学に進学すれば、競技をしながら学位も取れる。大学を卒業して実業団に行ければハッピーですし、日本語を話すことができて資格やスキルも身につけば、帰国した後も仕事の選択肢が増える。長期的なことを考えて、日本の大学に行きたいと考えている選手は多くなっています」（柳田さん）

日本の大学で競技をしたい若者は多く、ケニア人留学生を採用したい大学も増えている。すでに需要と供給のバランスは整いつつあるのだ。

実は多くの指導者が留学生を獲得したいと考えているが、大学側からは、「お金がかかる」「イメージが良くない」「そこまでして箱根に出なくてもいい」という理由で却下されているケースが多い。しかし、時代は変わりつつある。

２００４年、箱根駅伝で12度の優勝を誇る日本大学にケニア人留学生が入学したとき、多くの関係者が驚いた。そして、名門の〝解禁〟を契機に、留学生の獲得を目指す大学が増えていく。

外国人選手でいうと、野球の巨人軍（読売ジャイアンツ）の例を出すとわかりやすいかもしれない。日本のプロ野球に外国人登録枠ができたのは１９５２年だが、

V9（65～73年）を達成した球界の盟主は、日系以外の外国人選手をとらなかった。しかし、1974年に10連覇を逃すと、翌年からはMLBで活躍した外国人選手を獲得。その後も、実績のある外国人選手との契約を続けている。

駒澤大学、青山学院大学という超強豪校でも、外国人パワーの前に敗れ続けるようになれば、留学生を獲得せずにはいられないはずだ。

超名門校の指揮官も、「ウチも留学生を入れたいですよね。ケニア人ではなく、勉強を目的に入学した欧米人が入部してくれたら、面白いかもしれません」と話していた。

現在は〝助っ人〟というイメージが強い留学生だが、国際化が進むなか、非アフリカ系のランナーが箱根駅伝を目指す時代が来る可能性もある。いずれにせよ、留学生が今よりも当たり前の時代になるのは間違いないだろう。

地方大学の参戦で日本陸上界は活性化する

第100回大会の予選会は全国の大学に門戸が開かれたが、今回限りだった。しかし、地方大学の参戦で箱根駅伝は確実に盛り上がり、陸上界と地方の活性化につながるはずだ。もちろん主催者である関東学連次第だが、個人的には全国化を推し進めていただきたいと思っている。

ただし、第100回大会のやり方ではうまくいかない。そこで地方大学が無理なく参加できて、関東の大学も納得できるシステムを考えてみたい。

現在、関東とその他の地区では年間の〝流れ〟が少し異なっている。関東勢は箱根駅伝（と予選会）を見据えて、8～9月の夏合宿でしっかり走り込むが、地方大学は9月に開催される日本インカレに照準を定めているのだ。その結果、日本インカレは地方大学の活躍が目立っている。

一昨年（21年）は上田颯汰（関西学院大学）が、昨年は亀田仁一路（関西大学）が男子1万mで日本人トップに輝いた。しかし、彼らもその後の駅伝ではインパクトを残せていない。一昨年の上田は出雲1区で区間13位、全日本3区で区間13位。昨年の亀田は出雲1区で区間16位、全日本は日本学連選抜で出場した1区が区間9位だった。

なお例年、11月上旬に開催される全日本大学駅伝は関東勢が上位を占めている。昨年は1〜15位が関東勢。そのなかで最下位だった日本大学と、関東以外でトップ（16位）の関西学院大学は3分近い大差がついた。関東と地方の実力差は明らかだ。

また例年、出雲駅伝（関東勢は箱根駅伝で10位以内に入ったチームが招待される）はスポーツの日に、箱根予選会は10月中旬の土曜日に開催されている。両レースに出場するチームは原則存在しないが、第100回大会では中4日という超過密スケジュールのなかで参戦した地方大学があった。

これらの事情を考慮すると、全日本大学駅伝で「シード権」（8位以内）を獲得した関東勢以外の上位1校を箱根駅伝に「招待」するというのはどうだろうか。どの大学もガチンコで戦う全日本で上位に入る実力があれば、箱根駅伝でも互角に戦えるスピードは十分にある。関東勢も文句はないだろう。

そして本戦で10位以内に入れば、関東勢と同様に「シード権」を与えることで、地方から新たな箱根常連校が誕生する期待感もある。さらに第105回、第110回など記念大会のみ、地方大学も予選会に参加できるようにするかたちが良いのではないだろうか。

地方の大学はモチベーションが高まり、全日本大学駅伝の戦いもよりヒートアップするはず。そして箱根駅伝も〝真の日本一〟を決めるステージに昇華する。

いずれにしても各大学や選手たちが将来的なビジョンを描けるように少なくとも4～5年前にはアナウンスする必要があるだろう。ぜひご検討いただきたい。

多様性の時代、男子学生以外の参加もある？

東京五輪のウエイトリフティング女子87kg超級にニュージーランドのトランスジェンダー選手が出場。トランスジェンダーを公表している選手として初めて、生まれた時の性別とは違う性別でオリンピックの舞台に立った。スポーツ界も多様性の時代が到来しており、箱根駅伝も無縁ではないだろう。

選手のレベルを考えると、男子選手以外が出場する可能性はほとんどない。しかし、女子選手から「私たちも箱根駅伝を走らせてほしい！」という声が強くなれば、箱根駅伝も変わっていくだろう。全国高等学校女子硬式野球選手権大会は２０２１

年から決勝戦のみ甲子園球場で開催されており、箱根駅伝も将来は「女子区間」が誕生するかもしれない。そこにトランスジェンダー選手が走る可能性もありそうだ。

またパラアスリート（視覚障害者の男子5000m日本記録はT11〈全盲から光覚弁まで〉が14分55秒39、T12〈手の形を認知できるものから視力0・032まで。あるいは、視野の直径が10度未満〉が14分48秒89）のレベルが向上すれば、箱根路を駆け抜けることも十分に考えられる。

それから「OB枠」ができてもおかしくないのではと感じている。大学を卒業できる状況にもかかわらず、箱根駅伝の出場を目指して、大学に1年残る選手もいる。全国都道府県対抗駅伝には、「ふるさと選手」という制度（社会人と大学生は自身の出身高校および出身中学校の所在地がある都道府県から出場できる）がある。

例えば、「卒業後3年以内に1度だけ出場できる」というルールが箱根駅伝にできれば、学生ランナーは社会人選手と争うことになり、さらなるレベルアップが期待できる。OB選手の1回限りの復活劇も新たなストーリーとして注目を浴びることになるだろう。箱根駅伝がさらに面白くなるはずだ。

大学間での〝移籍〟が活発化するか

２０２０年、実業団陸上連合が公正取引委員会から「独占禁止法違反の恐れがある」と指摘を受けたのを契機に、実業団チームの「移籍」が大幅に増加している。それまでは「円満退社」が認められないと、他チームには移籍できなかった。現在は「引き抜き」防止の策が消滅。選手、移籍元、移籍先の３者で移籍協議合意書を取り交わせば移籍が可能になったのだ。この影響は大学にも及んでいる。

以前は高卒選手の場合、実業団を退社した後、競技を続ける策として、大学進学があった。しかし、実業団間で移籍ができるようになり、実業団から大学に入学する選手がほとんどいなくなったのだ。

そして今季（23年）は1年時に箱根駅伝５区を区間2位と好走した吉田響が東海大学から創価大学に転入した。主力選手の転校は大昔を除けば、現代ではあり得ない出来事だった。吉田の場合は体育学部から経済学部への編入で、単位互換の問題もあった。認められない単位も少なくなかったため、大学３・４年時でも多くの単位を取得しないといけない状況だという。ただ本人は「山の神」を目標に競技続行を決意しており、厳しい環境にも負けず、夢をかなえるためのトレーニングに励んでいるようだ。

今後はこのような大学間の〝移籍〟が増加する可能性が十分にあるだろう。

これまでも監督の指導法、チーム方針や部の雰囲気に馴染めず、退部を余儀なくされた有力選手を何人も見てきた。彼らの多くは転校がかなわず、実業団チームに入るのも簡単ではない。競技を続ける意思がありながらも志半ばでシューズを脱いでいる。

賛否はあるが、筆者は大学やチームにフィットしない場合の転校はポジティブにとらえている。どんな偉大な選手でも加齢には勝てない。人間が〝速く走られる期間〟は限られており、選手たちの才能や夢を無駄にしたくないからだ。

ただし、今後は「引き抜き」行為が続発する恐れもある。チームとして箱根駅伝出場が難しい有力選手が、自身の夢をかなえるために、強豪校への転入を希望する場合もあるだろう。もしくはブランド力のある大学に声をかけられれば、気持ちが揺らぐ選手も出てくるはずだ。

　すでに移籍が活発化している実業団の世界では露骨な行為が顕著になっている。ある選手からは、ニューイヤー駅伝の最長区間で快走すると、クーリングダウンをする前に「倍以上のお金を出すから」という強烈オファーが届いたという話も聞いた。

　大学間の転校が活発化したとしても、そんな事態にならないように注視する必要はありそうだ。

箱根駅伝は大学&スポーツブランドの戦いになる

　世の中が箱根駅伝に熱狂するにつれて、水面下ではスポーツメーカーの戦いが激化してきている。トップを走るチームは大学名だけでなく、ブランドロゴも30%近い視聴率のなかでPRできる。また近年は選手のシューズシェア率も注目を浴びており、それが売り上げにも大きな影響を及ぼしているからだ。

　なお箱根駅伝に出場する大学の多くは、各メーカーから「ウェアサプライヤー」

を受けている。前回大会（22年）のユニフォーム着用は以下の通りだった。

ミズノ　法政大学、創価大学、東京国際大学、日本体育大学、国士舘大学
アシックス　早稲田大学、帝京大学、山梨学院大学、専修大学
ナイキ　駒澤大学、中央大学、東洋大学、明治大学、東海大学
アディダス　青山学院大学、國學院大學、大東文化大学
ニューバランス　順天堂大学、城西大学
プーマ　立教大学

メーカーと各校の契約内容はシークレットだが、メーカーは単にウェアを提供しているだけでなく、金銭面を含めてサポートをしている場合もある。外資系企業の方が予算は潤沢な印象だ。また近年は各メーカーが強化策も講じている。
ナイキは東洋大学を米国本社に招待して、地元・ポートランドのロードレースを経験させるなど、海外レースや海外合宿を斡旋。アディダスも國學院大學や青山学

院大学の選手を同社が主催する超ハイレベルのレースに派遣して、世界トップクラスの選手と走る機会を提供しているのだ。
第99回大会でシューズ着用者を前年の1人から7人に急増させたプーマも箱根駅伝でのPR活動に力を注いでいる。55年ぶりに出場した立教大学の選手を3月に、米国の「PUMA ELITE RUNNING Team」に招待した。
「2024年の箱根駅伝出場を目指す立教大学のサポートの一環として実施しました。同大学の監督、エース級の選手たちに海外でのトレーニング、レースを経験してもらうことで、競技に対する新たな気づきやモチベーションの向上、帰国後に他選手たちへプラスの波及効果などを生むとの考えです。またプーマが中長距離に対してどれだけ本気で取り組んでいるのか。トップ選手がどのような練習を行い、プーマの製品がどんな役割を果たしているのか。現地で実際に体感してもらうことで、プーマブランド、製品への信頼性にも繋がると考えました」（プーマ広報）
プーマは単に商品を提供するだけではなく、トップ選手との練習経験を積ませたり、メンタル面での影響を考えて、トータル的にサポートしているというわけだ。

いずれにしても近年はチーム単体ではなく、契約しているスポーツメーカーとのタッグで強化が進んでいる。その傾向は顕著になっていくだろう。今後はOn（オン）など新たなブランドも箱根駅伝に絡んでくる可能性もある。スポーツメーカーは高品質のシューズを作るだけでなく、魅力的な選手を育成する時代に突入しているのだ。

なお近年の箱根駅伝を振り返ると〝2強〟が激しい戦いを繰り広げてきた。ナイキ勢が2008年の第84回大会から5連覇（駒澤大学、東洋大学、東洋大学、早稲田大学、東洋大学）を飾ると、第89回大会はアシックス（日本体育大学）が優勝。すぐにナイキ（東洋大学）が王座を奪い返すも、第91回大会からはアディダス（青山学院大学）が4連覇を果たす。その後は、ナイキ（東海大学）、アディダス（青山学院大学）、ナイキ（駒澤大学）、アディダス（青山学院大学）、ナイキ（駒澤大学）と2強が交互に勝っている状況だ。

第100回大会はナイキを着用する駒澤大学と中央大学の争いが有力視されているが、記念大会を制するのはどのブランドなのか。

選手やチームが稼げる時代に

各大学はスポーツメーカーとウェアサプライヤー契約を締結しており、契約内容によっては金銭面でのサポートもある。一方でシューズは選手個々に委ねられるケースが多い。例えば、三浦龍司（順天堂大学）はニューバランスのユニフォームで出場しているが、シューズはナイキを着用している。

学生ランナーが個々でスペシャルな契約を結んでいるケースはまだないが、NCAA（全米大学体育協会）のようにNIL（ネーム・イメージ・アンド・ライクネス）が解禁されれば、メーカーとの契約も可能になる。三浦クラスの実力と人気があればスポーツメーカー1社と年間1000万円を超えるような高額契約も現実的だ。かつての「山の神」クラスのヒーローになれば、スポーツメーカー以外との契約も十分に期待できるだろう。

大学スポーツ界でいえば、中央大学はサッカー部とバスケットボール部が一般社団法人を立ち上げた。その目的は、これまで以上に金銭的なサポートを充実させるためだという。大学の限られた「強化費」だけでなく、自分たちで稼いでいくという意思表示だ。

マネタイズでいうと、自分たちで競技会を実施している大学がある。なかでも日本体育大学が主催する長距離競技会は伝統と実績がずば抜けている。年に10回ほど実施しており、参加費は1種目2000円。場所は横浜・健志台キャンパスの陸上競技場で、学生が審判を務めて、ゼッケンにはスポンサーがついている。

昨年（22年）の11月26・27日に行われた第301回日本体育大学長距離競技会は男子5000mが26組、同1万mが10組。女子3000mが4組、同5000mが5組プログラムされていた。1組40人ほどが出場するので、全員で約1800人。2日間の競技会で約360万円もの収入がある計算だ。

第4章で記した通り、早稲田大学競走部は駅伝強化プロジェクトのためのクラウドファンディングを実施。2000万円以上の金額を集めた。筑波大学もクラファンを積極的に活用している。今後は大学の予算が少ないチームも、人気とアイディア次第では強化費を増やすことが可能になった。

そう考えると、慶應義塾大学などブランド力があり、莫大な寄付金が期待できる大学は、お金を集めるという点では有利になるだろう。ただし、慶應義塾大学にはスポーツ推薦制度がなく、入試のハードルが非常に高い。この問題をクリアできれば、第1回大会から出場して、第13回大会では総合優勝に輝いている〝名門〟が完全復活できるかもしれない。

一方で、知名度のない大学が箱根駅伝で活躍するのは難しくなっていくだろう。ゼロから長距離を強化する場合、グラウンド、選手寮などの施設に多額な予算が必要で、キャリアのある指導者、優秀な選手をそろえるのにお金がかかる。それだけの準備をしたうえで、毎年1億円近い予算を何年間もつぎ込まないと、箱根駅伝には到達できないからだ。それだけ潤沢な資金を用意するには、ある程度、生徒数の多い学校でないと賄えない。

18歳人口は1992年の205万人をピークに下がり続けており、2023年は112万人。4年制大学の進学率（1992年は26・4％、2022年は56・6％）は上がっているとはいえ、大学は生き残りに必死な時代になっている。そのなかで箱根駅伝が担う役割はさらに重くなりそうだ。

未来の箱根駅伝はどうなっていくのか

少子高齢化が進む日本。今後は外国人の受け入れを拡大していく可能性が高い。日本の総人口における2022年の外国人比率は2・4％だが、民間有識者による令和臨調は、その比率が2070年には12・4％まで上昇すると算出している。

箱根駅伝を走るメンバーも多彩な人種構成になっていくだろう。現在はケニアからの留学生が猛威を振るっているが、今後は日本国籍を持つアフリカ系選手が活躍する可能性も十分にある。

シューズやトレーニングは進化しており、高速化がどこまでも進んでいくのは間違いない。その一方で18歳人口が減少していくなかで、スポーツの選択肢は増えている。才能ある選手の絶対数は少なくなっていく。有力選手のスカウト合戦はさらに熾烈になっていくだろう。

各大学の戦いでいうと、原晋監督が就任した20年ほど前、青山学院大学がここまで強くなるとは思わなかった。また栄華を誇った中央大学や順天堂大学が予選会で落選した年もあったくらいなので、もうサッパリわからない。ただ言えるのは、選手が4年間で卒業していく大学スポーツで持続可能な最強チームを築くのは不可能ということだ。時代ごとにトレンドがあり、新たなチャンピオンチームが誕生していくだろう。

箱根駅伝は関東学生陸上競技連盟（関東学連）の主催大会だが、読売新聞社が共催、日本テレビが特別後援、報知新聞社が後援している。全日本大学駅伝は公益社団法人日本学生陸上競技連合、朝日新聞社、テレビ朝日、メ～テレが主催しているイベントだ。箱根と全日本は「読売」対「朝日」という図式になっている。

第4章で小林至氏が指摘したように、既存メディアから〝独立〟して、新たなかたちで大学駅伝を開催する時代が来れば、箱根駅伝も大きく変貌するだろう。

100年後の箱根駅伝は正直、まったく予想できていない。現在のパッケージのままほとんど変わっていない可能性もある。読者の皆さんはどう感じているだろうか。

おわりに――箱根駅伝の〝真の勝者〟になるために

正月の恒例行事が揺れている。本書を読んで、そう感じた方は少なくないだろう。総合優勝に輝いたチームは翌日、日本テレビの番組をハシゴしながら出演しているが、まるでオリンピックで金メダルを獲得したかのような大騒ぎだ。

箱根駅伝は「世界と戦える選手を育成しよう」という高い志のもとに始まった学生の大会。いつしか手段が目的に変わり、真の目的を見失っているように感じている。

筆者は箱根駅伝の〝真の勝者〟は別にいると思っている。ひとつの例が大迫傑だ。恥ずかしながら、筆者は大迫がマラソンで成功するとは思っていなかった。その理由はトラック（5000m、1万m）の活躍と比べて、箱根駅伝のパフォーマンスが伸びなかったからだ。

大迫は大学1・2年時に1区で区間賞を獲得するも、3年時は3区で区間2位、4年時は1区で区間5位。箱根駅伝は15km以降、ペースダウンすることが多かった。しかし、マラソン転向後はレース終盤で強さを発揮している。

以前、大迫を取材したとき、彼の言葉にハッとさせられた。

「(大学3・4年時に関しては)箱根駅伝に向けたトレーニングをしていたわけではありません。当時はトラック練習のなかで最大限の努力をするかたちです。すべての距離を走れることが素晴らしいと感じている人は多いかもしれませんが、裏を返すと、ひとつの種目に集中できていないと思うんですよ。求められることがあるなかで、自分のトレーニングをするにはどうしたらいいのか考えました。トラック(5000m・1万m)に向けたトレーニングにフォーカスするなかで、対応できたのが15kmまでだったということです。ただ、いまは違います。マラソンで結果を残すためのトレーニングをしているので、ちゃんと42・195km走れる。そういう認識です。大学時代に15km以降にペースダウンしていても、自分が誰かより劣っていると思ったことはありません」

大迫は男子マラソンの日本記録を2度塗り替えると、東京五輪では6位入賞。日本長距離マラソン界のスターになった。

世界で活躍するという意味では順天堂大学・三浦龍司（4年）の取り組みも評価すべきだろう。三浦は1500m、5000m、3000m障害で日本トップレベルの実力を持つ。さらに1年時の箱根予選会では大迫傑が保持していたハーフマラソンのU20日本記録を更新する1時間01分41秒を叩き出している。

箱根駅伝でも快走が期待されたが、1年時は1区で区間10位、2年時は2区で区間11位、3年時は2区で区間12位。一方、メイン種目の3000m障害では日本の歴史に新たな1ページを加えてきた。東京五輪で7位入賞。今季は自身が持つ日本記録を2年ぶりに更新すると、ブダペスト世界選手権で6位に食い込んだ。3位との差は1秒72。メダル獲得が夢ではない状況まで迫っている。

三浦のポテンシャルを考えれば、箱根駅伝にフォーカスすれば、もっと活躍できたはずだ。しかし、3000m障害にプライオリティを置きながら、チーム最大の目標である箱根駅伝でも可能な限り、エースの役割を担ってきた。

世界大会に出場するだけでなく、世界の上位と互角に戦っている三浦は、「箱根から世界へ」を最も体現しているランナーといえるだろう。順天堂大学は箱根駅伝の趣旨をよく理解しており、筆者はその姿が〝正解〟のような気がしている。

今夏はジャニーズ事務所の性加害問題が大きな話題になった。長い間、問題を知りながら目を瞑り、ジャニーズ事務所に忖度してきたメディアも責任が問われている。

本書では多くのメディアがスルーしてきた箱根駅伝の問題点にも触れてきた。これは箱根駅伝が正しく発展していくために、筆者に与えられたミッションだと思っている。

大学時代が人生のピークで良いわけがない。

筆者は大学1年時に箱根駅伝を走ることができたが、4年間でまともに走れたのは1年半ほど。残り2年半は故障に悩まされて、3・4年時はまったく走ることができなかった。その暗黒時代、筆者は様々なことを真剣に考えた。

どうしたら故障が治るのか。早く復帰するために何をすべきなのか。速く走るためにはどんなトレーニングが必要なのか。

結局、なにひとつ正解に辿りつかないまま、競技者としてのリミットを迎えたが、そのときの苦い経験が人生の糧になっている。

「考える力」が身についたことで、スポーツライターとして、独自の視点で記事を執筆できるようになったからだ。走りたくても走れなかったときの悔しさが、私を強く、クレバーにしてくれた。箱根駅伝のヒーローにはなれなかったが、いまの人生を誇りに思っている。

正月の結果以上に、大切なものはある。多くの若者が箱根駅伝の〝真の勝者〟になってくれることを祈りたい。

2023年10月　　酒井政人

参考文献

・『写真で見る箱根駅伝80年』（陸上競技社編集部編、2000年、講談社）
・『箱根駅伝 90回記念誌 絆』（関東学生陸上競技連盟、2014年、陸上競技社）
・月刊「陸上競技」（講談社・陸上競技社）

【著者】
酒井政人（さかい まさと）
1977年愛知県生まれ。東京農業大学１年時に出雲駅伝５区、箱根駅伝10区に出場。大学卒業後、スポーツライターとして活動。現在は「月刊陸上競技」「web Sportiva」「Number Web」「PRESIDENT Online」など様々なメディアで執筆。著書に『ナイキシューズ革命 “厚底”が世界にかけた魔法』（ポプラ社）、『箱根駅伝 襷をつなぐドラマ』『新・箱根駅伝 ５区短縮で変わる勢力図』（ともに角川新書）、『箱根駅伝監督 人とチームを育てる、勝利のマネジメント術』（カンゼン）など。

平凡社新書１０４３

箱根駅伝は誰のものか
「国民的行事」の現在地

発行日――2023年11月15日　初版第１刷

著者――酒井政人
発行者――下中順平
発行所――株式会社平凡社
〒101-0051 東京都千代田区神田神保町3-29
電話 （03）3230-6573［営業］
ホームページ https://www.heibonsha.co.jp/
印刷・製本―図書印刷株式会社
装幀――菊地信義

ISBN978-4-582-86043-6